The Art of JUSTICE

The ART of JUSTICE
An Eyewitness View of Thirty Infamous Trials

速写美国名案
30 场 大 审 判

[美] 玛里琳·丘奇 绘　卢·扬 著

杨安舒 译

上海社会科学院出版社

The ART of JUSTICE
An Eyewitness View of Thirty Infamous Trials

阅读指南

在美国、日本等国的律政剧中，或许你会注意到旁听席上一闪而过的某个形象，他们拿着笔忙碌而专注地埋头涂写着什么——是的，他们就是"法庭画师"。玛里琳·丘奇便从事着这份古老而特殊的职业，作为世界上最负盛誉的画师之一，四十余年里，她用手中的画笔记录了美国诸多历史性大案的审判场景，定格了连环杀人犯、名人明星、政客商人、旁听者等形形色色人的法庭百态。

从水门案件之序曲到对疯狂的连环杀人犯"山姆之子"的审判，从中央公园慢跑者案到黑手党教父约翰·戈蒂的倒台，从伍迪·艾伦监护权案件到对辛普森的世纪审判，丘奇将读者带入庭审现场，观察美国司法体系这三十余起轰动一时的案件，体验戏剧性头条新闻背后的故事。

除了丘奇所绘的一百余张精彩的全彩作品，本书还包含著名记者卢·扬撰写的引人入胜的庭审报道，以及书末的名人画廊（米克·贾格尔、小野洋子、唐纳德·特朗普等）。

本书正文分为20世纪70年代、80年代、90年代及以后三部分，为您描摹这些时期里的美国大案。每个案件的开篇由一张极具震撼力的跨页速写展开，边角放置案件信息（时间、地点、控辩方、审判结果等）。除了正文的庭审报道，每张法庭速写还附了图注或画家视角的描述。偶有页下注，帮助读者了解某些细节，是本书译者所补充。

照片定格瞬间，而绘画超越时间。希望通过这本书，法律人和罪案爱好者可以享艺术盛宴、窥法律文化。

导言

艺术家之手总能为人类境况提供独特的注解。从史前洞穴绘画时期到如今，艺术家们一直在记录他们那个时代发生的事。温斯洛·霍默※所画的报纸插图描绘了19世纪六七十年代的事件。杜米埃※※所绘的法庭场景捕捉到了公众对正义的追逐。但是摄影技术的出现改变了新闻采写，公众对新闻和法庭报道的着迷从照片中得到了满足。自新闻界将1935年的林德伯格审判※※※变为一场"马戏"后，新闻相机被禁止带入联邦法院以及许多州法院。很多时候，除非亲自到场，否则你只能通过画家们被要求绘制的图画，看到审判场景或被拘的被告。本书记录了三十多年时间里的著名案件：那些改变我们的生活、铸造这个国家、正义未得彰显以及历史得以创造的审判。

当我还是少年时，曾看到《生活》杂志上的法庭插画，想象着对于画家而言，法庭该是一个多么令人着迷的地方。现实亦未让我失望。许多年后，作为一个为电视台和报社报道庭审的画家，每天我都能见到古怪离奇、不可

※ 温斯洛·霍默（Winslow Homer，1836年2月24日—1910年9月29日），美国风景画家和版画家。

※※ 奥雷诺·杜米埃（Honoré Daumier，1808年2月26日—1879年2月10日），法国版画家、讽刺画家，他的很多作品讽刺了19世纪法国的政治和社会。

※※※ 1932年，飞行员查尔斯·林德伯格的儿子，20个月大的小查尔斯·林德伯格在美国新泽西州家中被绑架。1934年9月，嫌犯布鲁诺·理查德·霍普曼被逮捕。对霍普曼的审判从1935年1月2日持续到2月13日。最后，霍普曼被定罪为一级谋杀并被判处死刑。

思议、无法忘怀以及难以置信的事情发生。我曾看到胜者沾沾自喜、败者陷入绝望，看到生命消失或存续，看到真相被揭开或被一系列谎言永久掩盖。自第一天到法庭我就意识到，不会再有其他工作可以令我如此着迷。

我在普瑞特艺术学院学习美术，在印第安纳大学完成了毕业作品。我想画画，但也需要收入，于是成了一个时尚插画师。几年后，这份工作带来的局限令人沮丧。1974年，我的一位律师朋友告诉我，皇后区某场高调审判的法庭绘画正在电视上播放。对于不看电视的我来说，这算是条新闻。第二天，我去法庭画下了审判场景，随即爱上了这件事。随后几天，我带着样稿去了多家电视台。到了下一周，我从WABC电视台接到了报道一次庭审的工作。这是多么不一样啊！忽然之间，截稿日就近在眼前。有四幅画需要我完成，包括法庭全景、被告特写、陪审团描绘以及观众反应描绘，所有这些都要与实际情况高度相似，并在三个小时内完成。这是项困难的任务，但我做到了。

六个月后，在米歇尔-斯坦斯水门案即将开审时，《纽约时报》首次决定聘请一个法庭画师，而我获得了这份工作。现在，我成了历史的见证者。第一次去法庭后的第二天早上，我激动万分，坐地铁时仿佛看到车厢里一半的乘客手上都拿着《纽约时报》，而我的画刊登在头版。

事实证明，时尚插画师这份工作对于法庭绘画而言是很好的准备，因为两者同样都讲究速度。但在法庭上，有更多的因素需要处理。关键人物得是容易辨认的，整幅画需要合理安排，这样观众们才可以在电视播放的三秒时间内看懂。由于永远都没有足够的时间画下每个特征，每幅画都是妥协的结果。我不得不考虑究竟是画出精准的肖像、强调法庭的范围、专注于描绘富有表现力的动作，还是描绘法官的反应。从许多方面来说，绘画作品是电视新闻需要压缩时间的反映。

有些记者曾和我说，在日复一日地报道同一个案件后，他们开始对故事失去兴趣。但我很少感到无聊。对于置身于决定生死、自由或牢狱的戏剧中的人类，总是可以有无穷的理解。然而，与诉至法庭的事情相比，法庭场景可能看上去是无聊的。我得想出新的办法让它们变得生动。有时我改变了视角，采用"鸟瞰"的角度，想象自己坐在剧院楼座俯瞰审判。或者我采取"蚂蚁的视角"，用朝上看的方式描绘。其他时候，我压缩了场景，放大了被告，将他拉前，同时模糊了背景中的所有其他东西。有时我也专门描绘法庭警卫，展现出森严的安保措施，将建筑作为主要关注对象，或是着重强调堆积的证据或电子设备。

我试着排除证人证言的干扰，其中有些令人痛苦和难受。但我对证人的突发表现、被告的反应以及观众席上一位母亲的晕厥保持警惕。通常我会和一位负责报道案件的记者组队，他会在我身边告诉我哪些是重要的，以及谁是谁。但有时候在一个拥挤的法庭中，我可能找不到记者，或者可能无法与他沟通。在这种时候，我必须比平时听得更仔细，留心关键证人出现或可能发生戏剧化场面的迹象。

每个人都是动态的，我不得不将脑海中的画面定格，以便可以在几分钟后画下。法庭里通常光线都不好，而人物又经常离得很远，因此我用望远镜来画特写。我写下关键细节，一旦落座就马上开始画草图。保证创作还原的时间是如此少，以至于我不得不关注每个人独一无二的特征。这与任何人从人群中挑选熟悉面孔的能力是一样的。

我知道庭审可能在任何时候被打断，而我的观察也会突然终止。因此，必须提前考虑到最后一刻的改动。截止时间的前几分钟可能会有突发事件发生。这就需要快速的改动：本来坐着的人要被改画成站起来指着什么地方。表现观众认真听讲的画面现在要改成张嘴叫喊、推搡、挥舞手臂。

当两边都挤着其他画家或记者时，也很难找到能轻巧地置于腿上的绘画用具。材料用起来得是流畅的，而在电视上展示时须是显眼的，在我要跑去等在法庭外的新闻车以录下我的画时，它能被迅速收拾起来。多年来，我尝试了各种材料，从蜡笔和水彩到记号笔——甚至是油画棒。我最后确定了水溶性蜡笔和彩色铅笔的组合。我总是直接上色，因为没有时间再次描绘。

我的工作是描绘陌生人最痛苦和最私密的时刻。有时我会害怕，感觉受到了威胁。被告的家人会以恐吓的姿态靠近我。某次在我完成一幅画时，一个被控恶性犯罪的被告亲属靠近我说："那画的是谁？"同时重复再三，整个人向我撞来。幸运的是，一个警卫过来，遣散了围在我们周围的人群。

我学习到的最重要的一条守则就是，要成为一个成功的法庭画家，永远不能为自己没有画出符合要求的画找借口，不管是无法使用的画笔、看不到的被告、坐不到的位置，还是特别难以捕捉的脸庞。如果一幅画无法播出，再美都无济于事。多花两分钟改进表情，这幅画你可能就白画了。相较而言，《纽约时报》给我截止时间晚一些，但他们希望作品有更多细节。回过头看，我发现几乎所有在电视上播放的画都比我预期的更不完整。大部分电视记者，在紧迫的截止时间下，既无耐心也无时间。我曾不止一次地和一些要求在画还未完成时就播出的记者进行激烈争论。在及时和准确地讲述故事的同时，试图保持画面的精美是一项平衡的艺术。

最后，我得提醒自己，置身于新闻事件中工作的紧张感也带来了直观性和活力，而这些都成了图画的一部分。它们是许多表情和情绪的组合，通过几幅画传达了一整天的事件。有时，一幅好画可以传达的信息要多于一张照片——照片定格瞬间，而一幅画完全可以超越时间。

——玛里琳·丘奇

电视记者需要图片——观众们期待看到动作。但我们的主要工具照相机，在大部分美国法院都不得带入。艺术作品成了我们的退路，而坦白讲，电视新闻中使用这种前工业时代的媒介是有些反常的。作为记者，当你第一次踏入法庭，看到蜡笔和颜料时，你会好奇，粉笔、铅笔与笔刷的纸间移动是怎样尽可能与放置在外的机器发出的短音、点击声和电子音相配合的。

答案随着时间推移而呈现。与像玛里琳·丘奇这样的人一起工作，为手边的任务带来了讲述故事的新维度。在很多庭审的过程中，我发现她可以折叠时间和空间，捕捉情绪和细微差别，提供准确的图像，而这些本来或许会因为微弱的光线和不佳的摄像角度而被遗漏。有时我到法庭时，玛里琳已经就座做初步的速写工作，但很多时候我们会一起乘坐车站的班车来往法院，路上讨论前一天的证人证言或考虑怎么处理我们认为接下来会发生的事。没过多久，我就把她当成一个记者同行、一个合作伙伴。

玛里琳和我的工作关系是如此和谐，以至于有时在庭审前我会提出一些不同寻常的请求。"你可以转换视角，给我一个俯视图吗？"我问。她点头，然后就这么做了。几年后，我向另一位受到推崇的画家做出了同样的请求，却看到一张惊讶和难以置信的脸。最后我拿到的还是标准的被告肖像，远处的背景里的法庭。这是张好画，但不能像玛里琳做的那样帮我讲述故事。

今天，电视编辑经常以是否可以使用照相机来决定是否报道一场庭审：法庭可以允许照相机进入吗？也许我们是被 O.J. 辛普森案的充分报道给惯坏了。或者，也许只是像玛里琳这样从事这份工作的法庭画家不够多。

——卢·扬

目录

・导言

70年代

米切尔、斯坦斯案：
水门序曲 / 2

卡伦・安・昆兰案：
信仰和"死亡的权利" / 6

鲁宾・"飓风"・卡特：
为生命而抗争 / 10

大卫・伯科威茨：
山姆之子 / 16

德尔・蔡奥诉哥伦比亚长老教会：
试管婴儿案 / 22

80 年代

巴迪·雅各布森：
三角恋谋杀案 / 28

琼·哈里斯：
被嘲笑的女人 / 32

马克·大卫·查普曼：
约翰·列侬的刺客 / 38

杰克·亨利·阿博特：
野兽的天性 / 42

约翰·欣克利：
总统刺客 / 48

文鲜明牧师：
"上帝"受审 / 54

布林克抢劫和黑人解放军：
法庭上的革命 / 58

沙龙诉《时代》：
血祭诽谤还是透彻真相？ / 66

威斯特摩兰诉哥伦比亚广播公司：
"重返越南" / 72

黑手党委员会审判：
犯罪集团 / 78

斯坦利·弗里德曼：
纽约腐败案 / 82

伯恩哈德·雨果·戈茨：
地铁治安员 / 88

马拉·汉森：
被偷去的美 / 94

玛丽·贝思·怀特黑德：
婴儿M案 / 98

罗伯特·钱伯斯：
大学预科生谋杀案 / 104

90 年代以来

中央公园慢跑者案：
犯罪、种族和公正错觉 / 112

埃尔·塞伊德·诺塞尔：
刺杀卡哈尼 / 120

约翰·戈蒂：
"不败先生"的倒下 / 126

埃米·费希尔：
长岛洛丽塔 / 132

伍迪·艾伦诉米亚·法罗：
心之战 / 136

查克·琼斯：
迷恋玛拉·梅普尔斯 / 142

世贸大厦案与地标建筑案：
圣战在美国 / 144

O.J. 辛普森：
世纪审判 / 152

桑特和肯尼思·凯姆斯：
骗子和尸体失踪案 / 158

吹牛老爹：
生活模仿艺术 / 160

马莎·斯图尔特：
受审的文化偶像 / 166

· 名人画廊

· 译名对照表

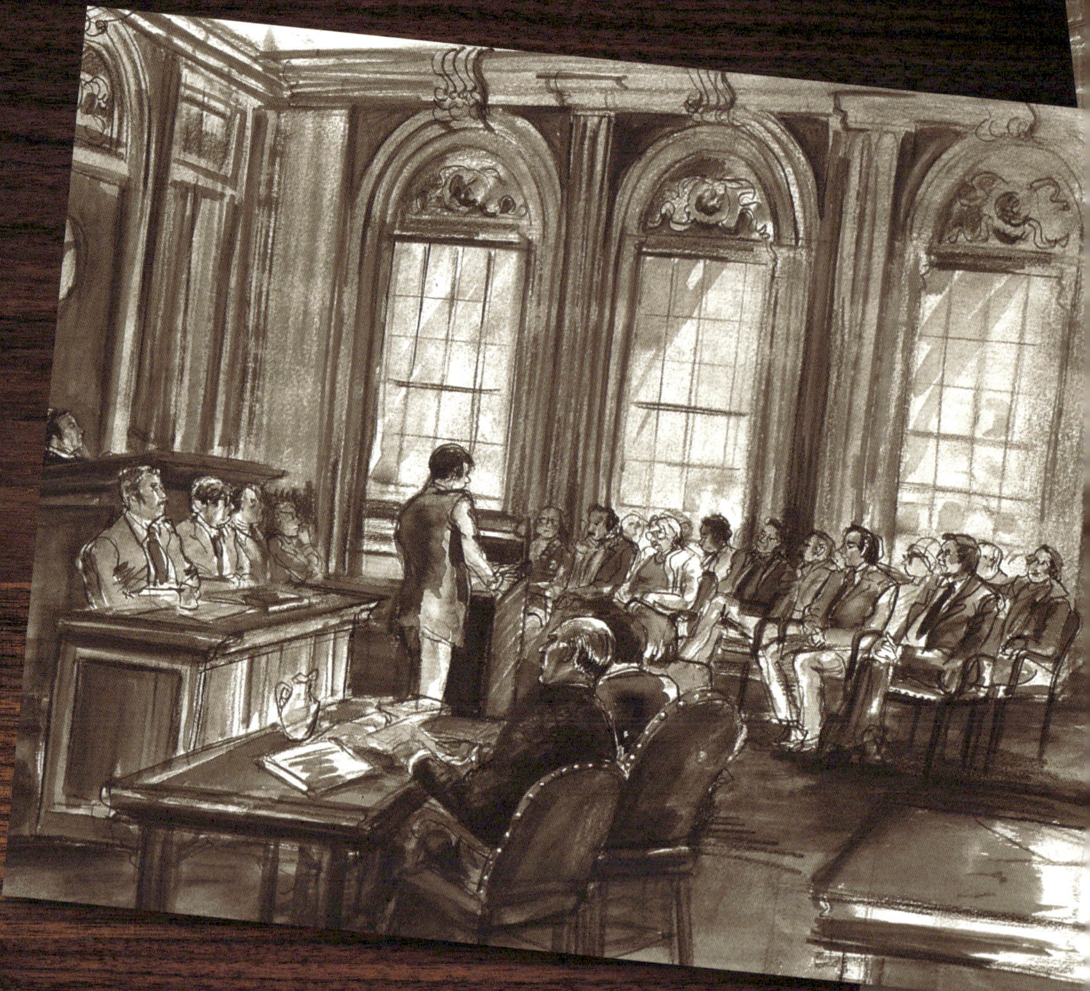
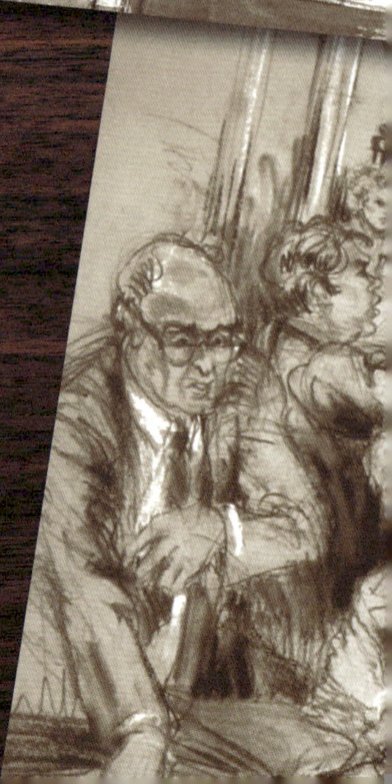

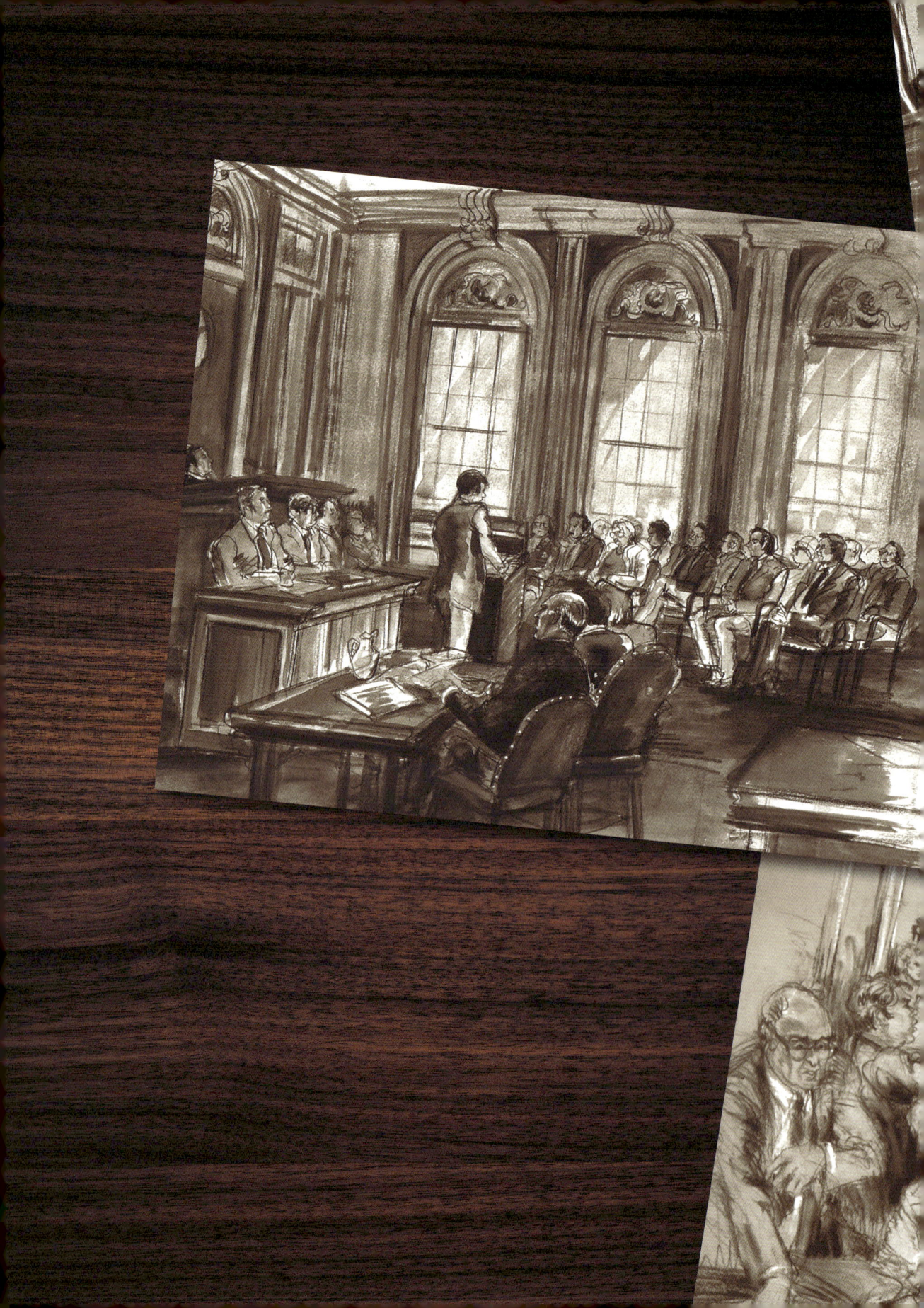

70年代

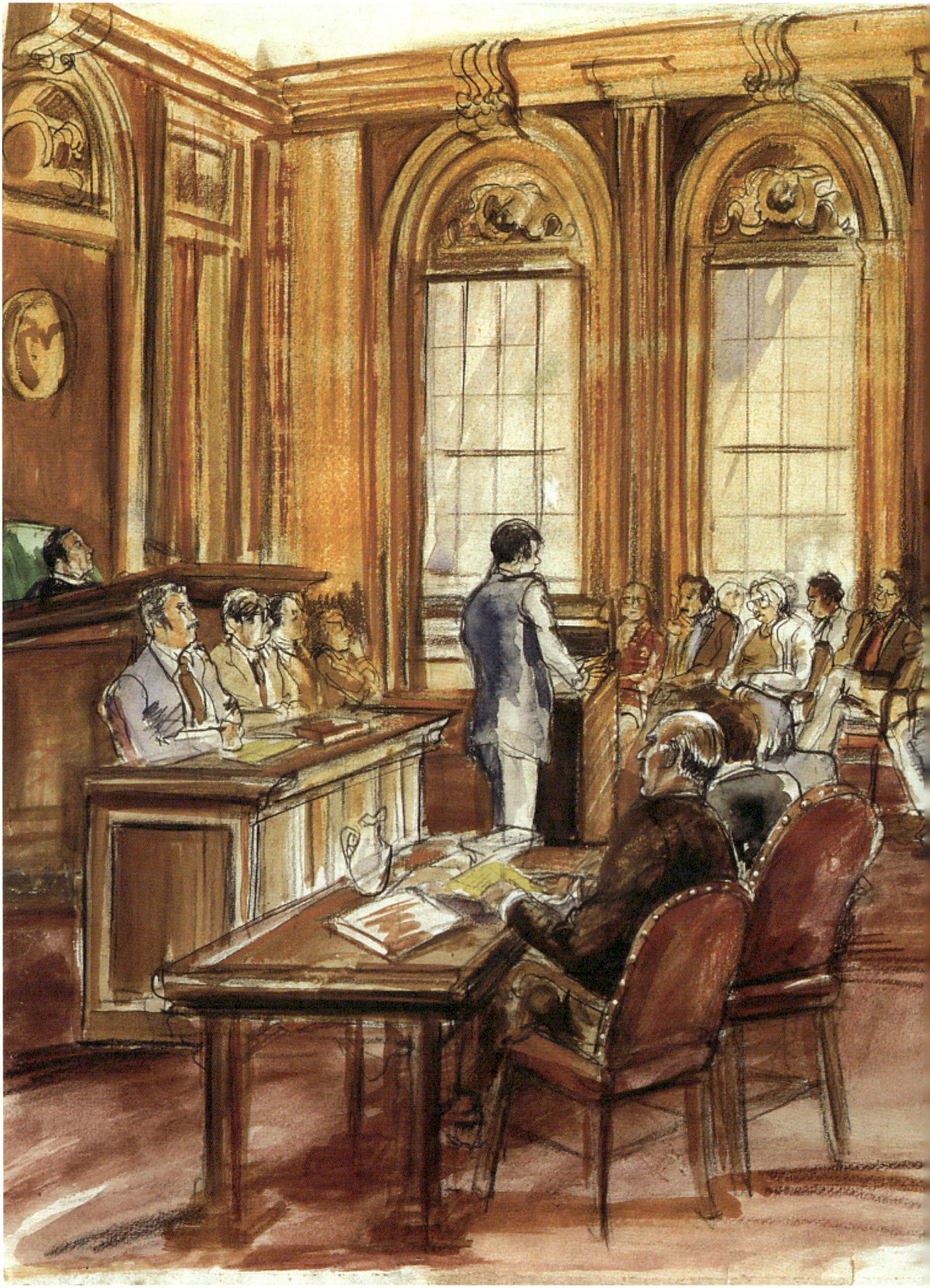

美国
诉
约翰·米切尔及莫里斯·斯坦斯案

年　份：1974 年

地　点：纽约州纽约市

指　控：伪证、共谋犯罪、妨碍审判

裁　断：无罪

法　官：李·加格里亚蒂

检察官：约翰·温、詹姆斯·雷西尔

辩护律师：彼得·弗莱明、沃尔特·邦纳

米切尔、斯坦斯案：水门序曲

　　1974 年冬末,美国前司法部部长走进联邦法院,以刑事犯罪被告的身份就座。这是美国政府最黑暗的时刻:约翰·米切尔和前商务部部长莫里斯·斯坦斯因涉嫌理查德·尼克松总统的竞选连任非法捐款而被控伪证罪。这起纽约审判在华盛顿水门丑闻愈加复杂的背景下开庭。事实上,审判还在进行时,米切尔同时被联邦大陪审团指控涉嫌水门事件中大楼潜入的事后掩盖。这起 1974 年在纽约开庭的案件指控的罪名包含伪证罪、共谋罪和妨碍审判罪。

◀《纽约时报》有史以来刊登的第一幅法庭速写,刻画了联邦助理检察官詹姆斯·雷西尔在审判第一天作开场陈述的场景。

画家的视角

重要证人白宫前顾问约翰·迪安作证的那天，拥挤的法庭上安静得落针可闻。迪安的脸庞是清淡的，缺乏显著特征，是很难描绘的那类面孔。法庭既大又暗，证人离得又远。我祈祷迪安以他轻柔的声音和克制、有条不紊的风度前倾身体回答问题的时刻的到来。一束阳光偶尔照亮了他的脸，当时我才开始意识到望远镜会有多大用处。后来我马上买了一副。

金融家罗伯特·韦斯科曾为尼克松竞选连任活动捐了20万美元，而当时他正为面临证券交易委员会的调查而寻求帮助。米切尔、斯坦斯一案即围绕罗伯特·韦斯科以及这笔捐款展开。首席检察官约翰·R.温告诉陪审员，这次捐款实际上是回报。韦斯科的前助手劳伦斯·理查德森作证他曾与斯坦斯会面，讨论了韦斯科想要"胜人一筹"需要支付的金额。他同样告诉陪审员，为正在进行的商业交易证券委员会调查而请求帮助引发了韦斯科和斯坦斯、司法部长之间的私下通话。理查德森说他给了斯坦斯一个装满现金的箱子，是为总统竞选活动准备的，韦斯科的另一个同事哈里·西尔斯陪同他前往。

政府传唤了45名证人，他们中大多数公开表示对这起案件怀有敌意。实际上西尔斯告诉法庭，在审判开始前他承认代表韦斯科进行犯罪时曾面临"巨大的压力"。在交叉询问时，很多证人都赞美了他们与被告之间的友谊，并称对此还持续怀有希望。米切尔在答辩时自证，坚称他从未试图对韦斯科面临的证券交易委员会调查施加影响。他说他给证券交易委员会主席威廉·凯西打电话，安排其与韦斯科的人会面是为了对调查有所帮助。观察者们相信，米切尔是在说他很后悔踏足政坛时赢得陪审团信任的。

虽然是本案的关键人物，但韦斯科却从未出现在法庭上。也曾试图将他从他定居的哥斯达黎加引渡回来，但该国总统后来表示对这种企图"并不热心"。虽然有些审判员煞费苦心地赞扬控方在法庭上的表现是"精彩的"，但米切尔和斯坦斯逃脱了所有罪名。最终陪审团认为控方证人并不可信，这是政治上行将末路的尼克松政府的胜利。

▲ 最重要的一天是联邦助理检察官约翰·温质问美国前司法部部长约翰·米切尔——曾经是美国最有权势的执法官员。

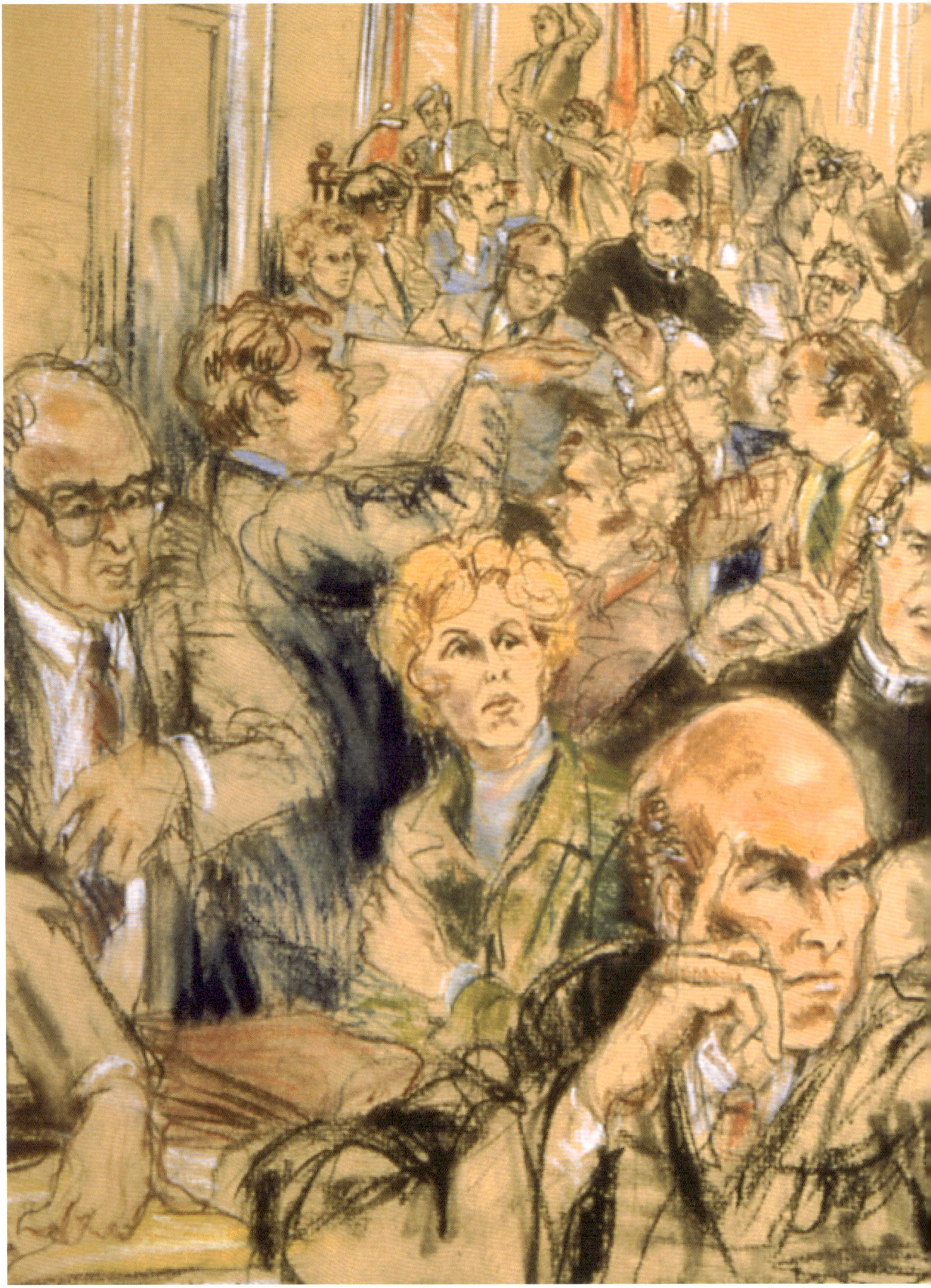

速写美国名案　7

约瑟夫·昆兰
诉
新泽西州案

年　　份：1976 年

地　　点：新泽西州莫里斯顿

诉讼请求：申请切断生命维持设施

裁　　断：驳回；上诉时撤销

法　　官：罗伯特·缪尔

原告律师：保罗·阿姆斯特朗

被告律师：丹尼尔·科伯恩

卡伦·安·昆兰案：
信仰和"死亡的权利"

　　审判中最戏剧化的时刻莫过于一个生命悬而未决时。几乎所有为卡伦·安·昆兰的医治而斗争的人都相信她的生存岌岌可危。本案被认为是为"死亡的权利"而战，或是为"死得有尊严"而斗争。参与斗争的人们曾相信医疗技术掌握生死大权，最后却都惊奇地发现本案中真正关键的部分非他们能力所及。

◀ 本图是庭审现场多张面孔的集锦，包括医疗专家、昆兰夫妇及其牧师、公众成员、新闻界人士、最终判决该案的罗伯特·缪尔法官。本图被《新时代》杂志选为关于本案的一篇文章的封面图。

21岁的卡伦·安·昆兰从未踏入法庭，但是在律师和医生们为其命运而斗争时，她的身影贯穿整个庭审。案件的起因是卡伦因深度且不可逆的昏迷而无法动弹和言语。在六个月的时间里，她的身体消瘦到只剩70磅，如胎儿一般蜷缩在医院病床上，靠着帮助她呼吸和以软管输送营养的仪器活着。她的父母认为是时候切断呼吸装置，把她的生命交还上帝之手了。卡伦的父亲请求成为已成年女儿的法定监护人，继而可以授权此项行为。

约瑟夫和茱莉亚·昆兰在作出请求前咨询了他们教区的牧师。卡伦的父亲解释说他并不希望女儿死去。他只是想让她"恢复到自然的状态"。但医生拒绝了，他们坚称切断设备就是故意杀死这位年轻女性。莫里斯顿的一个新泽西法庭收到了决定卡伦·安·昆兰死亡权利的请求。

1975年4月，在新泽西拉克万纳的一家酒吧与朋友见面后，卡伦陷入昏迷。朋友们说她喝了一些金汤力，其中一位声称他看到她在"狂吃药"。因为看上去马上就要昏倒，她被开车送回了家。在途中，她已经完全失去意识。救护车赶到了她家，医生推测她可能是被自己的呕吐物噎到了，以致大脑缺氧、大量神经受损。

在她的父母就此事向法庭申请时，州政府委派了一个监护人为卡伦与她父母的决定抗争。丹尼尔·科伯恩律师告诉罗伯特·缪尔法官不要被减轻昆兰痛苦的欲念所动摇。"这不是一个施加同情的法庭，"他说，"而是一个依法行事的法庭。不能因为一个生命刺眼难看就予以终结。"

不过，卡伦消瘦的身体中真的还有生命吗？她的一位医生作证说卡伦的面部表情还有移动迹象：她的眼睛有时看上去直视前方并且会眨眼，她的嘴巴会张开，仿佛想说些什么。但另一个专家坚持卡伦不可能还会讲话甚至思考。他说这就像是卡伦一生下来就没有大脑。

昆兰一家主张的依据在于什么是卡伦真正想要的。卡伦的朋友洛里·加夫尼告诉法庭，卡伦曾因为一个熟人在被诊断为癌症后缓慢、痛苦地死去而深受触动。"她不会希望以这种不同寻常的方式活着。"这个18岁的青年坦诚道。卡伦的母亲说她记得她曾几次与女儿探讨过这个话题，她确定她的女儿会反对这样依靠仪器活着。法官却认为，受制于法律，他不允许切断呼吸装置。"根据所有法律标准，"他说，"卡伦都还活着，因此应保留其权利。"

州最高法院审理了对缪尔法官判决的上诉，得出了相反的结论。1976年4月，首席大法官也是前州长理查德·休斯撰写了一致意见认为，卡伦的宪法隐私权允许切断圣克莱尔医院的生命维持设备。实际上，法庭允许卡伦的愿望得到实现，尽管这时她是个植物人。"没有强有力的外部州利益可以强迫卡伦忍受无法忍受的，只为以植物人状态可预计地活几个月。"在撤销缪尔法官的判决后，

▲ 茱莉亚·昆兰作证中,她的律师保罗·阿姆斯特朗让她描述她女儿陷入昏迷前几个小时的生活。

法院写道,她的父母实际上比任何人都更清楚卡伦想要的,"我们对卡伦选择权的确认通常可以基于她的确认能力。但不幸的是,她完全没有这种能力。"

  1976年3月31日,约瑟夫·昆兰成为了卡伦的法定监护人。判决有效地保护了医生和医院免于因移走生命支持设施而遭到起诉,也因此,他们没有进一步上诉。三周后,就在差几天就是她昏迷周年日之时,帮助卡伦呼吸的设施被切断。这次胜利让这个家庭苦乐参半,因为大家都在期待卡伦的死去。

  然而,卡伦却没有在那周,那个月,甚至那十年中死去。结果表明,她能够完全靠自己呼吸。法院花费了大量时间和精力来决定卡伦·安·昆兰的命运,但最终证明,她的命运从来就没有掌握在法院手中。仪器被切断一年后,新泽西总检察长声称,州最高法院的判决宽泛到足以允许撤销额外的医疗程序如抗生素的使用。约瑟夫·昆兰在移除呼吸装置后没有再进一步的打算。

  1985年6月11日,31岁的卡伦停止了呼吸,在新泽西莫里斯普莱恩斯的一家疗养院过世。

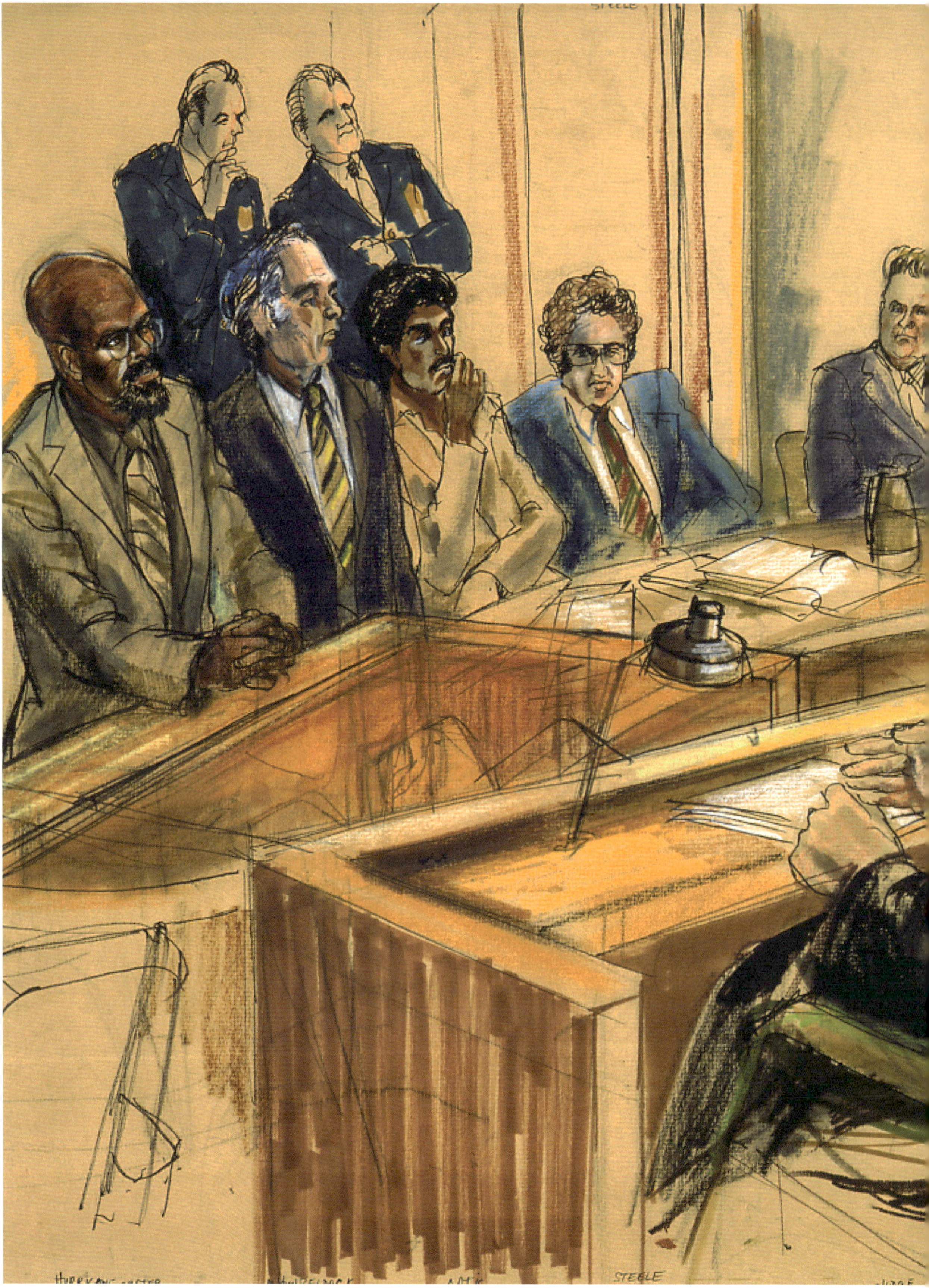
STEELE

新泽西州

诉

鲁宾·卡特、约翰·阿蒂斯案

年　份：	1976 年
地　点：	新泽西州帕特森
指　控：	谋杀，重新审理
裁　断：	有罪；1985 年上诉时被推翻
刑　罚：	终身监禁
法　官：	布鲁诺·莱奥皮奇
检察官：	伯勒尔·艾夫斯·汉弗莱、罗纳德·马默
辩护律师：	迈伦·贝尔多克、刘易斯·斯蒂尔

鲁宾·"飓风"·卡特：为生命而抗争

在其声名最显之时，鲁宾·"飓风"·卡特是一位正在就三起谋杀罪名上诉的名人被告，上诉理由是警察和检察官的种族歧视。那是在1976年，这个国家建国两百周年的时候。鲍勃·迪伦录下了一首名为"飓风"的流行歌曲，讲述了一位黑人职业拳击手的故事，"一个因他从未做过的事而遭到当局指控的男人"。那时候有在麦迪逊花园广场和休斯敦巨

◀ 重审判决时的鲁宾·"飓风"·卡特、辩护律师迈伦·贝尔多克、共同被告约翰·阿蒂斯、辩护律师刘易斯·斯蒂尔、检察官伯勒尔·艾夫斯·汉弗莱、助理检察官罗纳德·马默、法官莱奥皮奇。

▲ 尽管被指控犯下如此暴力的犯罪，鲁宾·"飓风"·卡特（左起第二个），看上去仍高贵而柔和。1976年审判的被告席：辩护律师迈伦·贝尔多克坐在卡特左边；共同被告约翰·阿蒂斯坐在桌子最边上。

蛋体育馆召开的众星云集的慈善演唱会、有在监狱中写就的名为《第十六回合》的自传，以及由律师迈伦·贝尔多克引领的顽固且充满理想的律师团队。新的审判就像是一场惊险的冠军之争最终局，只是这场比赛还未结束。

本案始于1966年6月，正处于瓦特暴乱※之后的种族主义氛围中。在新泽西州帕特森的一个黑人酒吧，店主被一个白人杀死。几个小时后，两个黑人带枪走进拉法耶特酒吧烤肉店，可能是决心复仇。很快，酒保和一个客人死去，另两个客人受伤，其中一个后来也死去了。

卡特和他的朋友约翰·阿蒂斯当时正开着一辆白色的租车，那辆车看上去是人们描述的杀手逃离时开的车。在被逮捕并被带到医院让酒吧枪击发生后的幸存受害者辨认之前，他们两次被帕特森警方要求停车然后又被释放。后来警方声

※ 1965年，一个非裔摩托车手因被怀疑酒驾而被捕，随后在洛杉矶引发暴乱。

称他们曾在车里找到两片已经使用过的弹药，但在医院里，受害者并未指认卡特或阿蒂斯，他们被允许离开。

卡特过去是世界锦标赛中的中量级拳击手，在那年八月在阿根廷举办的他个人最后一场职业拳击比赛中，历经十个回合后他最终失败，在职业排行榜上滑到了第九名的位置，但在他家乡的这三起谋杀案中，他却成了头号嫌疑犯。卡特和阿蒂斯在那年十月被逮捕。

在1967年最初的审判中，起到重要作用的是一个据称是"临终"进行辨认的受害者对卡特和阿蒂斯的指证，而在枪击发生的那晚，卡特和阿蒂斯没有见过这个证人。黑兹尔·塔尼斯通过照片作出了辨认，但她在能够亲自作证前去世了。在物证方面，检方拿出了他们声称从卡特租来的汽车中找到的两片已使用过的弹药中的一片，与犯罪现场找到的弹头口径（但不是型号）相匹配。

陪审团也听取了艾尔弗雷德·贝洛和阿瑟·布拉德利的目击证人报告，他们承认在枪击发生那晚，正在拉法耶特酒吧和烤肉店附近的一个仓库盗窃。专家们相信，贝洛的证言对辩方而言伤害最大。他告诉全是白人的陪审团，他看到卡特和阿蒂斯拿着枪从酒吧走向他们的车。他从未提到他与控方针对他的未决重罪案件所做的交易，也从没有人提到这点。卡特和阿蒂斯都被认定为有罪，并被判处终身监禁。1974年，当贝洛公开撤回其证言时，新泽西最高法院一致判决重新审理本案。在监狱里关了九年六个月后，卡特和阿蒂斯得以被保释出狱。

1976年重新开庭后的陪审团包含两名黑人。"临终"辨认被驳回，但艾尔弗雷德·贝洛又撤回了他的撤回证词。他又一次作证并告诉陪审团，他看到卡特和阿蒂斯在那晚从酒吧离开。此外，基于卡特的自传，这次控告第一次提出了犯罪动机。据检方说，两名被告认识黑人酒保勒鲁瓦·霍洛韦，拉法耶特酒吧屠杀发生的六个小时前，他在小城另一个地方被杀死。控方认为，这几起谋

▶ 1976年重审中间休息时，鲁宾·"飓风"·卡特抱着他的儿子。孩子是第一次定罪被推翻时怀上的。

杀是种族复仇。于是 1976 年圣诞节的四天前，两人再一次被定罪。

1977 年 1 月，当法官布鲁诺·莱奥皮奇再次判处卡特和阿蒂斯终身监禁时，他们的民间英雄地位开始动摇。旨在支付辩护费用的募捐演唱会爆出财务丑闻。尽管门票收入有 50 万美元，但只有 65000 美元被支付给了律师团队。此外，一个募捐组织的关键人物辞职，声称卡特在第二次审判前保释出狱的那段时间，在酒店房间殴打了她。名人们一哄而散。

法庭之战的最后一轮远离公众视野。1981 年 12 月，阿蒂斯得到了假释，卡特则继续与他的律师团队并肩作战。将近四年后，美国联邦地区法官 H. 李·沙罗坚驳回了有罪判决，他说新泽西州利用了种族偏见。他写道，第二次审判中的陪审团，"得到允许可以单靠（卡特和阿蒂斯的）种族身份得出推论"。虽然他并未阐述被告们是否有罪，沙罗坚法官称这起审判实质上带有偏见，因此是违宪的。卡特在 1985 年 11 月 9 日被释放。

漫长的斗争改变了鲁宾·卡特——虽然不至于无法辨认，但是那些有段时间没看到他的人都不得不问："那是'飓风'吗？"在他被释放的那天，电视摄像机可以在法庭使用，但观众们并未看到他们预想的目中无人的拳击手。那个还算年轻的拳击手一去不返，当时的他光头锃亮，金边眼镜后是愤怒的双眼。到了 1985 年，从外表看他已是一个完全不同的人，他留着一头黑发，保留了小胡子，但络腮胡已剃去，同样消失的还有反叛的步伐和傲慢的凝视。但在 22 年后，鲁宾·"飓风"·卡特再次成为了胜者。当被问及对法院判决的看法时，他简单地告诉他的支持者："我无须任何人告诉我我是无罪的。"

帕赛克郡检方花了几年时间来用尽法律渠道,最终认定进行第三次审判不具有可能性。1988年2月20日,帕赛克郡代理检察官约翰·高森杰克正式撤销了指控。那时,阿蒂斯已经因为与本案无关的枪支和毒品指控而再次入狱,但卡特却远离公众视野,没有对此作出评论。

▲ 辩护律师迈伦·贝尔多克向陪审团发表演讲,鲁宾·卡特同时从再审被告席上看过去,十指相扣。

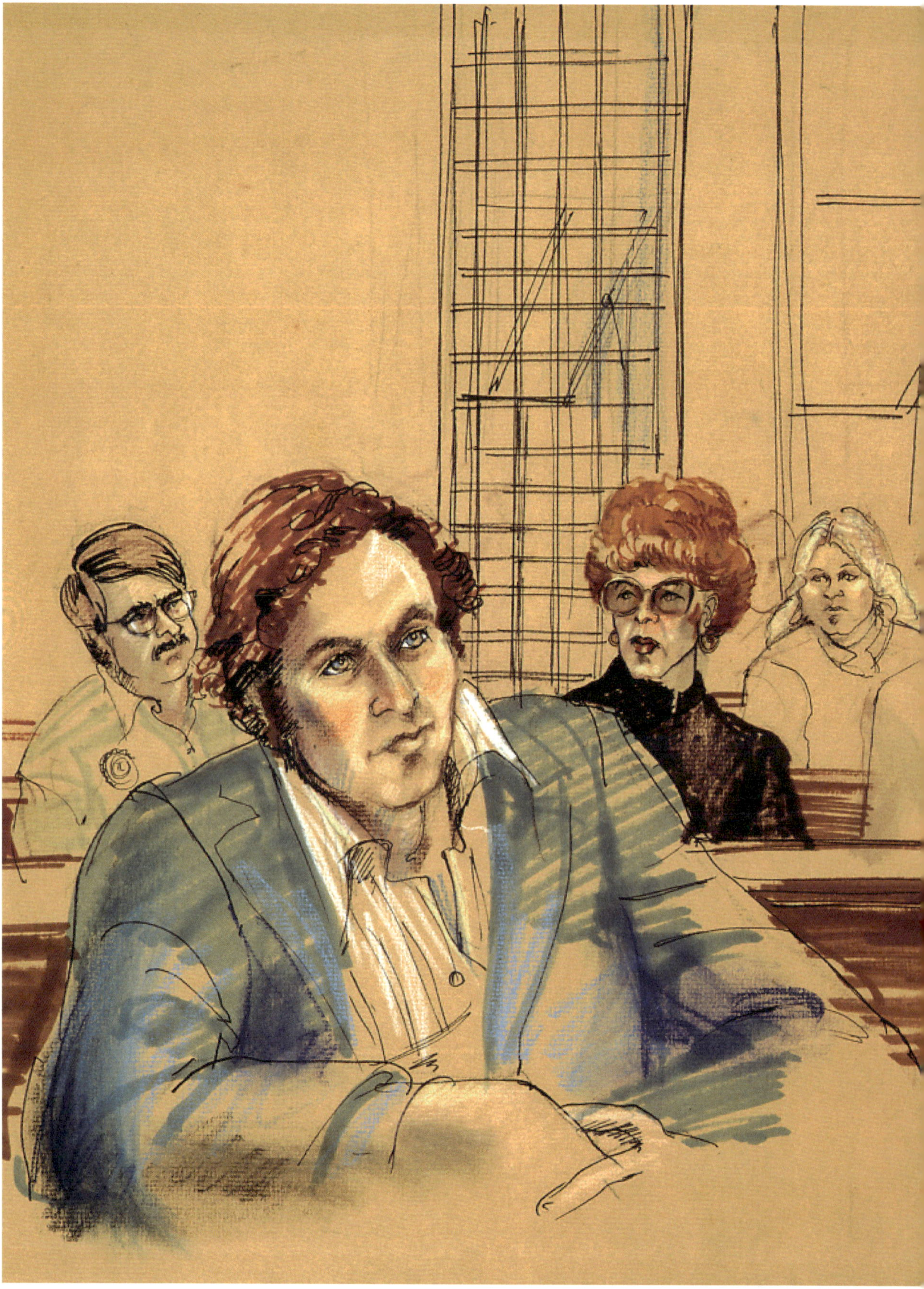

纽约州

诉

大卫·伯科威茨案

年　份：	1978 年
地　点：	纽约布鲁克林
指　控：	谋杀、谋杀未遂、企图伤害、持有武器
裁　断：	有罪（认罪）
刑　罚：	6 项罪名均面临 25 年监禁，针对谋杀未遂、企图伤害、持有枪械判处额外刑期
法　官：	约翰·斯塔基、约瑟夫·科索、威廉·卡佩尔曼、尼古拉斯·楚卡拉斯
检察官：	尤金·戈尔德、马里奥·默罗拉、约翰·桑图斯
辩护律师：	利昂·斯特恩、艾拉·朱尔塔克

大卫·伯科威茨：
山姆之子

　　金属丝般的红棕色头发勾勒出一张令人愉快的胖脸和一双茫然的蓝色眼睛，然而这些都没法显现出大卫·伯科威茨犯下连环谋杀时的内心煎熬。

　　在空前的媒体报道下，这位带着点 44 口径手枪游荡在纽约城的幽灵，在 1977 年夏天成了百万人噩梦的主角。但当他作为被告坐在布鲁克林的法庭上时，上述一切印象荡然

◀ 奈伊萨·莫斯科维茨，最后一个受害者的母亲，是山姆之子受害者们的中坚力量。这里她坐在伯科威茨后面，怒视着她女儿的谋杀犯。

无存。这个来自扬克斯的24岁邮政工人看上去只是精神错乱,甚至有些可怜。

屠杀始于1976年7月末,那个臭名昭著的恐怖夏日的前一年。在一夜舞蹈后,18岁的唐娜·劳里亚坐在一辆停放的汽车内和朋友聊天。那是凌晨一点,对于一座不夜城来说并不算太晚,因此,在深夜到来前,唐娜和她的朋友乔迪·瓦伦蒂在她所住的寂静街道上聊了几分钟天。一个陌生人走向车,未发一言。乔迪记得唐娜问道:"他是谁?"这句话成了她的遗言。来自点44口径手枪的子弹终结了这个年轻人的生命,同时打伤了另一个。

在警方意识到这是场连环犯罪之前,又新添了三起枪杀案和四个受害者。劳里亚枪杀案发生在布朗克斯佩勒姆湾那边,就在连接布朗克斯和皇后区的白石大桥北部。这个无名的持枪者10月末在皇后区贝赛作案,紧接着一个月后在附近的花卉公园作案,然后是1月末在高档街区森林小丘火车站外。在每起案件中,受害者都坐在停放的汽车内。除了一个可能被当作女人的长发男子外,所有受害者都是女性。在三起案件中,一名女性死去,另外两名女性以及那名年轻男子则受伤。所有受害者都被同一把手枪射击。

3月份,在第五起枪杀案发生后,公众知道了这场疯狂的犯罪。这次的枪杀案也发生在森林小丘,一位名叫弗吉尼亚·沃克斯里奇耶的哥伦比亚大学学生可能是因为在最后一刻本能地举起课本阻挡子弹,从而救了自己的性命。她告诉警方,在持枪者开枪前她直视了他。

到了第六起枪杀案,杀手向追捕他的警探以及他所游荡的城市介绍了自己。"我是山姆之子。"他在一对死去的情侣中间那染血的前排座椅上留下纸条,并这样写道。该车停放在布朗克斯的哈琴森河大道辅路上。那是1977年4月17日,盛夏将至。

警方试图找到受害者之间的共同点,搜查精神病机构的文档,同时尝试追查被认定为犯罪工具的一把名为"斗牛犬"的短管左轮手枪的线索。他们甚至发布了公开请求,希望杀手自首。但一切行动都无济于事。山姆之子向报纸专栏作家吉米·布雷斯林写信,宣称将再次进行枪击。他说,他将"从纽约的贫民窟"发来致意。

到了6月末,17岁的朱迪·普莱斯多和20岁的萨·卢坡在皇后区贝赛的一家舞蹈俱乐部附近被枪杀,纽约城爆发了无数小道消息和前所未有的恐

慌。纽约市警察局针对本案派遣了 75 名警探和上百名警官。女人们开始隐藏自己或剪去长发。在昏暗处停放的车辆上隐秘地求爱变得不再安全。那个夏天，人人都在谈论山姆之子，但一个月过去了，杀手毫无踪迹。

最后一次枪杀案发生在 7 月的最后一天，不在警备森严的布朗克斯或皇后区，而是在布鲁克林南部。罗伯特·维奥拉特和斯泰西·莫斯科维茨第一次约会，准备沿着面对纽约港河口的海滨大道散步。在向车走回去时，维奥拉特注意到有人从阴影中看过来。他们试图回到车上，但男人走出来并让人看到了他的全貌，同时做出经典的战斗蹲伏姿势，用点 44 口径"斗牛犬"开枪射击。斯泰西被射杀，但罗伯特活了下来，但因为头部

画家的视角

在第一次传讯伯科威茨的某个时候，我就坐在离他不到两英尺的地方——房间内的最佳位置，这是少有的经历。我们当时在医院里，还在确定他的受审能力。在我开始画被告时，他的眼睛和我的对视。当我意识到他杀了多少年轻女性时，我感到一阵战栗。我好奇他会怎么想我，我有又长又黑的头发，正是他选择攻击的那种类型的女性。我开始变得很烦躁，但我强迫自己控制情绪以完成绘画。

David Berkowitz
Marilyn Church 1977

画家的视角

在听审中，伯科威茨忽然在法庭上爆发了。他突然挣脱警官，摇动手臂，高声尖叫。他们给他带上手铐，带他离开。一切都发生在六十秒之内，但我仍然得画下这些。那个画面是那么有力量和令人印象深刻，在我记忆中被吸收和定格成了一张照片。它就这样呼之欲出——疯狂地失控，警卫惊恐地靠近阻止他，到处都是蓝色，整个氛围由情绪主导。那天我得把一分钟内发生的场景画成三幅画。

被子弹击中而失明。

杀手再次消失。但这次显然留下了一个有用的线索，他在枪杀发生前开出了一张停车票。那辆停在消防栓边的汽车登记在一个叫大卫·伯科威茨的人名下。1977年8月10日，当警方在他位于扬克斯的公寓外冲向他时，他正拿着装有谋杀武器的纸袋。"你们抓到我了。"他对警官们说。

伯科威茨的大部分法庭审判都围绕他是否有能力就其犯下的六起谋杀和七起袭击而受审。有些庭审甚至在精神病医院中进行，而被告穿着浴袍出席。当他在法院受审时，伯科威茨有时爆发出叫喊声，法庭警卫不得不将其制服。一名精神科医生称他是"真正的疯狂"，另一名医生把他的状况描述成"张扬的疯狂",但最后,法庭认为伯科威茨"有能力理解针对他的指控……有能力在其答辩中协助……以及……有能力受审"。伯科威茨解释道,他的杀戮遵照了一个寄居在他扬克斯住处的邻居——山姆·卡尔身上的六千岁人的命令。他说,命令是通过他们家狗的狗吠声传达的,伯科威茨晚上躺床上时会听到。

最开始,伯科威茨请求庭审,把这当作解释他恶魔使命的机会,但接着他改变了主意,提到了宗教皈依和避免高调审判"马戏"的意图。其他人希望确保开庭审判,以保证凶案是伯科威茨独自进行的,而不是一起规模更大的撒旦式邪教恶行的一部分。

1978年5月,在逼仄拥挤的法庭,这个前邮政工人和消防志愿者认下了所有罪名。因为罪行在三个独立法院管辖区发生,三名法官审问了被告。他的回答简短不带感情,因此更让人感到战栗。"我枪杀了他们。"他说。他的目的是"杀了他们"或"杀一些人"。他一度温柔地补充:"我是一个优秀的枪手。"观众席上的一位母亲站起来大叫:"你这个混蛋!"

就他承认所有残杀的最后一次开庭审判中,产生了最后一件令人惊讶之事。布朗克斯地区检察官马里奥·默罗拉宣布,伯科威茨可能需要对他枪杀之前的数年中犯下的上千起纵火案负责。默罗拉说,"山姆之子"也同样是被称作"布朗克斯幽灵"的纵火犯。

在伯科威茨被判刑时,纽约州还没有死刑。他被判处多个25年监禁,被送往州监狱,严格意义上讲,到2008年他可以得到假释。

◀ 布鲁克林地区检察官尤金·戈尔德(抬起手指着的人)主张精神病学是不科学的,而伯科威茨有能力就其犯下的罪受审。

德尔·蔡奥诉哥伦比亚长老教会：
试管婴儿案

速写美国名案　23

约翰和多丽丝·德尔·蔡奥
诉
哥伦比亚长老教会医学中心等案

年　　份：1978 年

地　　点：纽约州纽约市

诉讼请求：过失行为

裁　　断：确认

裁决金额：5 万美元

法　　官：查尔斯·斯图尔特

原告律师：迈克尔·丹尼斯

被告律师：约翰·J. 鲍尔、詹姆斯·富里、

　　　　　斯蒂文·奥利里

◀ 在 1978 年,一对试图拥有试管婴儿的夫妻因为试验被破坏而起诉大型医院,这看上去异乎寻常,就像是科幻小说中的情节。此处兰德勒姆·谢特尔医生在证人席上,他就是据称在子宫外创造受精卵的医生。查尔斯·斯图尔特法官主审,原告律师迈克尔·丹尼斯询问证人。德尔·蔡奥夫妇位于画面中央。

画家的视角

辩方证人兰德勒姆·谢特尔医生已经作证好几天了。他既激动又坚决,与德尔·蔡奥夫妇的保守态度形成鲜明对比。庭审持续了几周,因此有必要混搭场景组合,这样每天的报道看上去都是新新的。从左开始:德尔·蔡奥夫妇、被告律师约翰·鲍尔、法官查尔斯·斯图尔特、谢尔特。

1978年,在人类卵子的体外受精即将成为现实时,起诉纽约哥伦比亚长老教会医学中心和其中一名医生过失一案到达联邦法院。五年前,德尔·蔡奥,一对来自佛罗里达的极度渴望拥有自己孩子的夫妇,参与了一次未经测试的手术。他们捐献了卵子和精子,所产生的胚胎会被放回到多丽丝·德尔·蔡奥的子宫以实现怀孕。这次手术在医院管理层不知晓的情况下进行,在所谓的胚胎还在试管中时即被终止。雷蒙德·范德·威勒医

生告诉陪审团，他所做的只是终止一次未经授权的试验。多丽丝·德尔·蔡奥则坚称医方杀了她的孩子。

因为多丽丝的输卵管被堵上，这对夫妇不可能自然受孕。人工授精和矫正手术都以失败告终。从证词中还不清楚是谁决定尝试这个当时还是试验性的技术，但证人们说卵子是由威廉姆·斯威尼医生在纽约医院从多丽丝体内提取的，然后由约翰·德尔·蔡奥亲自送到哥伦比亚长老教会，他在那里捐献了精子以完成手术。兰德勒姆·谢特尔医生将胚胎、血清和养分放在一个玻璃容器中，这些东西将被孵化并最终转移到多丽丝的子宫中。

然而，谢特尔从未将这次人体试验手术告诉医学中心委员会。他的一名同事，多米尼克·托兰阿拉兰德医生把玻璃容器内的东西描述为"看上去很糟糕的混合物"，并称她向上司报告了这件事，因为她相信将胚胎转移到一个女性体内可能会导致致命的感染。范德·威勒下令终止实验，同时他销毁了容器中的东西。

"你错了。"34岁的多丽丝记得，当她被告知胚胎已经被销毁时是这样认为的。她告诉陪审团："我的意思是，这个男人是个医生，他不会谋杀我的孩子。"她说，这个试验让她的精神备受折磨。她曾梦见听到婴儿的哭声，而她无法接触到孩子，下一秒，她又发现自己在购买她用不上的婴儿衣服。但范德·威勒称任何精神上的损害都是进行试验的医生的错。如果程序进行下去，他说，会把他变成"一次非法活动的帮凶"。

德尔·蔡奥夫妇请求陪审团裁定150万美元的赔偿金。但在为期五周的庭审后，陪审团裁定了五万美元的赔偿金，一半由范德·威勒支付，另一半由医院支付，并驳回了医生在终止试验时拿走了这对夫妇"财产"的主张。

巧合的是，在这场审判开始前不久，一位妇女在英格兰生下了史上第一个试管婴儿。

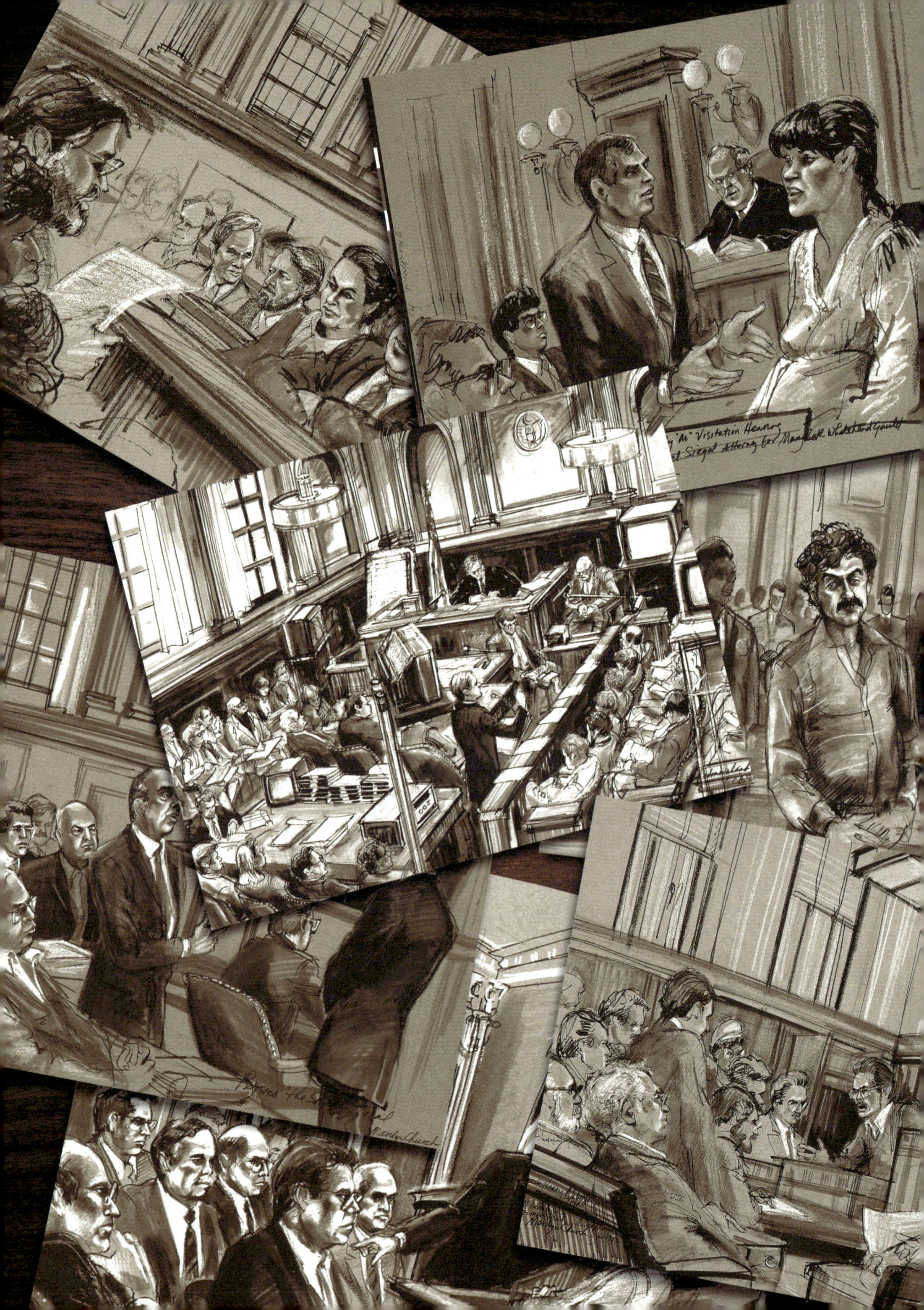
Visitation Hearing

80 年代

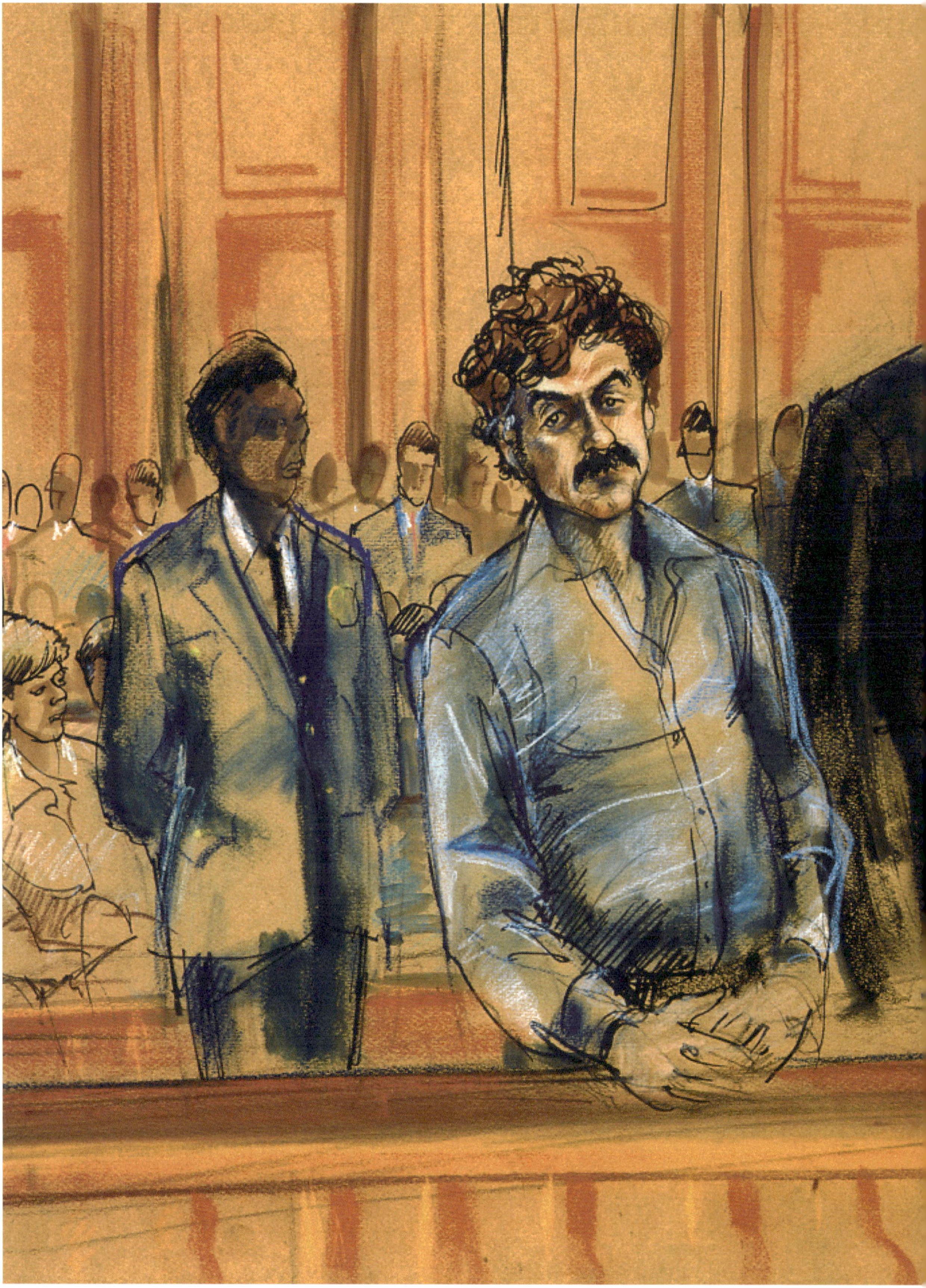

纽约州
诉
霍华德·雅各布森、萨尔瓦多·普兰托案

年　份：	1980 年
地　点：	纽约市布朗克斯区
指　控：	谋杀
裁　断：	雅各布森：有罪；普兰托：无罪
刑　罚：	25 年监禁
法　官：	威廉·卡佩尔曼
检察官：	威廉·赫拉斯凯、马里奥·默罗拉
辩护律师：	雅各布·埃弗斯奥夫、 大卫·格林菲尔德

巴迪·雅各布森：
三角恋谋杀案

爱情与死亡携手总能引发公众的无穷兴趣。70 年代末，"法庭迷们"被一个快节奏生活的花花公子、一个美丽模特和她年轻英俊的情人（他最后因这起错误的三角恋而死去）之间的故事所吸引。这是个典型的小报故事，刊登在报纸头版，标题耸动。即使过去这么多年，你仍然能够想象如果当

◀ 在 1979 年的传讯中，巴迪·雅各布森看上去并不像是传说中的骄傲花花公子。这个前驯马师和模特公司合伙人是凌乱、神志不清和颓败的。但在他开始反击针对他的谋杀指控时，马上恢复了他那独特的自信。

时有法庭频道，肯定会对这起审判进行无止境的报道和分析。

1978年夏天，当霍华德·"巴迪"·雅各布森因为杰克·塔珀谋杀案被捕时，他在某种程度上已经是名人了。流连于曼哈顿上东区的时髦酒吧和饭店，雅各布森原本的身份是全国知名驯马师，他在八年前离开赛道，变成一个随心所欲的商人，和常人一样热爱美食、烈酒和美女。他 40 岁出头，语速很快，人缘不错，将自己不太光明的过去当作荣誉徽章随身携带。因此，与一个大概只有他一半岁数的妩媚女人共办一家名为"窈窕淑女"的模特公司，完全符合他的行事风格。

雅各布森和模特梅拉尼·凯恩既是情侣，又是商业伙伴。他们在他的公寓楼中同居了五年。塔珀，一个英俊的 34 岁酒吧店主，就住在隔壁。塔珀与凯恩相恋后，凯恩拿着她的行李住进了另一边——塔珀的公寓。就在塔珀的尸体在布朗克斯的一处垃圾散落的空地上被发现的两周前，他们刚订婚。

塔珀遭到棍棒袭击，又被刺伤和枪杀，尸体被焚烧。法医检查出不少于七处枪伤。当警方逮捕雅各布森时，他正开着朋友的车。在后备箱中发现一个四磅铁锤，被怀疑是其中一件谋杀工具。

为期十一周的庭审轰动一时。雅各布森的律师坚称是愤怒的毒贩杀了塔珀。法医专家说他们没有在车中找到的铁锤上发现血迹。但凯恩以及布朗克斯地区检察官相信，因为模特的移情别恋，雅各布森不是亲自就是派人杀死了塔珀。

1980 年冬天，凯恩在证人席上作证了九天。除了回忆她在雅各布森和塔珀之间快速转变的生活细节，她同样作证在塔珀失踪的那天早上，她在雅各布森的公寓门外看到了雅各布森的朋友，共同被告萨尔瓦多·普兰托。普兰托作为勤杂工为雅各布森工作。警方逮捕雅各布森时，他开的就是普兰托的车。

4 月的一个星期二，陪审团开始听审此案。两天后，普兰托被无罪释放，但在五天的审议后，雅各布森被认定为有罪，并马上被送到看守所。然而他却没有出席他自己的科刑审判。

5 月 31 日，雅各布森假扮成自己的律师，与一个探监者换了衣服，逃出布朗克斯拘留所。在庭审期间，他出售了纽约的房产，囤积了百万美元。接着他找到了一个新模特，22 岁的奥德丽·巴雷特来帮他花钱。

然而，雅各布森的最终逃亡转瞬即逝。足够讽刺的是，同年 7 月，警方在加州曼哈顿海滩找到了他。九年后，带着与骨癌长期较量后的傲慢和反叛，

画家的视角

梅拉尼·凯恩美丽动人，光彩耀眼。庭审在装饰华丽的布朗克斯法庭进行，她在那里着实成了一个美丽的主角。光想象巴迪·雅各布森和凯恩在一起就令人惊讶，她宛如希腊雕塑，而他则是不起眼、笨拙和普通的。你可以立马理解她为什么离开了他，也几乎可以明白他失去她后的愤怒。从左开始：法官威廉·卡佩尔曼、凯恩、地区助理检察官威廉·赫拉斯凯、雅各布森。

雅各布森在监狱中过世。对他的最后一次媒体采访在纽约州北部臭名昭著的阿提卡州监狱进行，当时他正努力推翻罪名（一个证人浮出水面，称她在发现塔珀尸体的空地看到三个男人，没有一个看上去像是雅各布森）。法官判决签发重审本案，但在重审开始前雅各布森去世。

琼·哈里斯：被嘲笑的女人

速写美国名案　33

纽约州
诉
琼·哈里斯案

年　份：	1981 年
地　点：	纽约州白原市
指　控：	谋杀，持有枪械
裁　断：	有罪
刑　罚：	25 年监禁
法　官：	拉塞尔·莱格特
检察官：	乔治·博伦
辩护律师：	乔尔·奥尔诺

画家的视角

我同情四面楚歌的琼·哈里斯。这幅图画表现的完全是羞辱她的场景，检察官乔治·博伦当庭朗读了她写给赫尔曼·塔尔欧那医生的信。即便是陪审员也感到不舒服。我想表现出她深深陷坐在证人席的场景。从左开始：博伦、法官拉塞尔·莱格特、哈里斯、陪审团。

▲ 陪审团忍受着数小时的医疗幻灯片展示。一位病理学家在讲解赫尔曼·塔尔欧那医生的伤口细节。从左开始：法官拉塞尔·莱格特、琼·哈里斯、辩护律师乔尔·奥尔诺，病理学家A.伯纳德·阿克曼、陪审团。

琼·哈里斯是最不可能成为谋杀嫌疑犯的那类人。在她从赫尔曼·塔尔欧那医生位于纽约威彻斯特郡高档住宅区的家中开车离开时，警方第一次注意到了这个纤瘦的弗吉尼亚女校校长。她声称开车出去求助是因为电话无法使用。她告诉警察，"发生了枪击"。他们在屋内找到了塔尔欧那，这名69岁的单身汉同时也是《史卡斯戴尔医学节食大全》一书的作者。因为多处枪伤，他的睡衣上衣被血浸透。在哈里斯的汽车前排杂物箱内，警方找到一把刚开过火的点32口径手枪。随之而来的谋杀案庭审，就像是在窥视一颗破碎的心。

这是个关于爱情变质的故事。哈里斯和塔尔欧那已经交往了14年。但1980年冬天，塔尔欧那开始与一位年近40的实验室助手交往。对这样的发展，文雅、有阶层意识的哈里斯感到崩溃。在庭审中，她成了每个看着伴侣走向年轻情人的被弃妻子、变老女友以及中年妇女的代言人。

在枪杀发生的十个月后，这位57岁的谋杀案被告站上了证人席。身形瘦小的她描述了她眼中的故事。她说，这场悲剧的根源是她的自杀决定，而她的旧爱试图对此进行干涉。她承认她给塔尔欧那写了一封长信，信中称呼她的情敌为"精神错乱的荡妇"。后来她便从弗吉尼亚开了五个小时的车过来，随身携带的包里装着上膛的左轮手枪。她坚称她夜访塔尔欧那，是打算在结束前"和他安静地待几分钟"。她说她当时打算离开后自杀，但在医生卧室内发现情敌的睡衣时，她改变了主意。他们发生了争吵，而当她拿出手枪指向脑袋时又发生了搏斗。手枪在她和塔尔欧那争抢时一次次走火。她甚至描述了在她帮助塔尔欧那躺到床上时她与他的最后谈话，她告诉他，她尝试拨电话求救，但电话坏了。"你大概是对的。"她引述他的话，接着补上了她自己的评论，"这是他那天晚上对我说的唯一礼貌的话。"医生在当地医院因受伤去世。

本案中大概传唤了将近100个证人，但其中一位似乎发现哈里斯在撒谎。塔尔欧那被杀的那天，朱厄妮塔·爱德华兹无意中听到了哈里斯打给死者的那通电话的一部分。作为这位著名节食医生的客户，爱德华兹记得她无意中听到的激烈电话沟通的部分内容，电话在检查室中被挂断。她说，隐约听到的声音里显然充满愤怒。她记得里面提到了"撒谎"和"欺骗"，而就在死去的前几个小时，塔尔欧那请求："老天爷啊，琼，求你别再烦我了！"哈里斯说那通电话是为她寄给塔尔欧那的信道歉，并且以他邀请她春天到威彻斯特过周末而结尾。他们的证词相互矛盾。

哈里斯称她仍然爱着这位节食医生，还记着他对她的感情。在终结辩论时，辩护律师乔尔·奥尔诺引述了有关爱情消逝的诗句，坚称将他的客户定罪是对死者的最后侮辱。"别说他因为杀人者的狂怒，因为一些卑鄙的事而死去，"他请求，"恢复塔尔欧那医生的尊严，他是为了拯救琼·哈里斯而死去的。"

奥尔诺拯救哈里斯的企图最终失败了——陪审团并不买账。也许是因为检察官乔治·博伦的终结辩论给他们的印象过于深刻。"试着扣动扳机，"他提到，"这需要14磅的扣动力。想想就知道，无意中四次扣动双动手枪会有多困难。"在走进纽约白原市的法庭前，陪审员审议了八天。在宣布有罪裁断时，他们目不斜视，拒绝看向被告，让辩方不寒而栗。辩方团队中有人流下眼泪。在被带走前，哈里斯轻声对她的律师说："乔尔，我不能坐牢。"

_____ 画家的视角

　　庭审过程中,我发现很难中和琼·哈里斯的两面。我看到了她管理精英女子预科学校的一面,老练和无情地进行精准描述,也看到了她在愤怒中可以撕碎情敌衣服的一面。从左开始:地区助理检察官乔治·博伦、法官拉塞尔·莱格特、律师乔尔·奥尔诺、哈里斯、法庭警卫、陪审团。

The Art of JUSTICE　　　　　　　　　　　　　　　　　　　　　速写美国名案　37

▲ 琼·哈里斯在检察官乔治·博伦无情的交叉询问中崩溃和流泪。法官拉塞尔·莱格特打断并宣布休庭。

待在纽约州监狱的12年里，哈里斯写了三本书，多次申请上诉，挺过两次心脏病。大部分时间她都待在贝德福丘监狱，那里离案发现场很近。她是完美的模范囚犯，在狱中照顾狱友的婴儿。而在庭审风头过去很久之后，她还继续获得支持。州长马里奥·科莫将她的刑期（25年监禁）减到15年监禁，所以她能提前三年获得假释，从而获得了自由。之前的多次豁免请求都遭到了拒绝，但她的两个儿子发起了一场运动。州长收到了这场运动中提交的附有几千人签名的请愿，最终大发慈悲。

对于这位在马德拉女校以"诚实正直的琼"著称的女性，这看上去是个合适但有些不完整的结局。多年前她便自陈无人真正了解她。"在威彻斯特，"她说，"我是穿着美丽衣裙与塔尔欧那医生共进晚餐的女人。在华盛顿，我是一个穿着美丽衣裙的校长。我不确定我是谁。"她想了一会，补充道，"我是一个坐在空椅子上的人。"

▲ 法庭书记员查尔斯·勒克在马克·大卫·查普曼谋杀审讯中朗读起诉书。从左开始：勒克、法官赫伯特·阿尔伯特、杰拉尔德·布什、查普曼、辩护律师乔纳森·马克斯（坐着的），以及地区助理检察官阿伦·沙利文。

纽约州

诉

马克·大卫·查普曼案

年　份	1981 年
地　点	纽约州纽约市
指　控	谋杀，持有枪械
裁　断	有罪（认罪）
刑　罚	20 年监禁
法　官	小丹尼斯·爱德华兹
检察官	阿伦·沙利文
辩护律师	乔纳森·马克斯、赫伯特·阿德勒伯格

马克·大卫·查普曼：约翰·列侬的刺客

　　凶手是个不折不扣的疯子，但法庭需要确定他是否疯狂到不用为犯下的罪承担刑事责任。马克·大卫·查普曼紧盯前披头士成员约翰·列侬。他横跨大陆追踪列侬的足迹，最后在列侬的纽约豪华公寓前将其枪杀，这场刺杀是如此随意和残忍，以致一整代人都始终记得他们初闻此事的那刻。

　　谋杀发生后，在等待审判的几个月里，查普曼失常的生活细节变得众所周知。公众情绪激烈，以至于查普曼的律师试图完全禁止公众接触审判。但代理法官小丹尼斯·爱德华兹拒绝了他的请求。在早期庭审中，26 岁的被告穿着防弹

画家的视角

我清楚地观察到，查普曼明亮但疯狂的眼睛在巨大的眼镜后面若隐若现。我始终记得他带着的那本《麦田里的守望者》，和一堆法律文件放在一起，以及他说"上帝让我认罪"时实事求是的语气。

衣到庭，攥着一本 J.D. 塞林格的小说《麦田里的守望者》——正是警察赶到枪击现场时发现他正在读的书。

查普曼是一个业余吉他手和狂热的披头士粉丝。1977年他从佐治亚州迪凯特搬到夏威夷。他做过多份不起眼的工作，在进行他的谋杀计划之前是名保安。审判中，辩方的一位精神科医生将凶手描述为"有重度抑郁的精神分裂患者"。他描述了在谋杀发生的前一年，查普曼是怎样地想"隐退"，以便和妻子格洛丽亚过上安静的生活。格洛丽亚和列侬的妻子小野洋子一样是日裔。（列侬也曾为了抚养儿子肖恩而远离公众视野。）查普曼迷恋列侬，显然是在模仿他偶像的生活方式，但不知从什么时候开始，崇拜变为仇恨。

疯狂的地方在于，查普曼的犯罪行为并不是冲动之举。他去了纽约，并且在列侬家附近名为达科塔的标志性建筑踩点，这个地方就在曼哈顿中央公园西大道对面。在此之前，他为谋杀计划已经筹划了几个月。1980年12月8日，为了抵御寒冷的天气，他穿了两件长内衣，一件夹克衫和一件外套。下午，约翰·列侬从他的公寓楼里出现，为看上去心怀感激的查普曼在自己的新专辑上签名。这位艺术家当时正在去录音室的路上，本打算在那晚十一点前回来。

当列侬和洋子下车打算穿过石头拱门走向达科塔的内院时，查普曼还等在那儿。查普曼喊道："列侬先生？"被害人停下脚步转向凶手。查普曼做出战斗蹲伏的动作，用点38口径左轮手枪连开五枪。四发子弹打中。后来他对法官说，他选了中空子弹，"以确保列侬死去"。

审判于1981年6月开始。法院派了20个警卫保护法庭的安全。每个人进出时都得通过金属检测器。成群结队的吊唁者仍然在犯罪现场周期性地聚集，发泄他们的悲伤。查普曼开创出了一种最高级别的罪恶——他也许在任何地方都是最受讨厌的人。

查普曼的律师乔纳森·马克斯准备以"由于精神错乱而无罪"来进行辩护。但在审判开始前的一周里，马克斯提交了几项不同寻常的请求。他再次请求受审能力听证，同时请求封闭的审判庭。马克斯很担心，因为查普曼在他的牢房里听到了声音，现在打算遵照上帝旨意改变他的答辩。

在没有任何一方请求的情况下，法官将大家都召集到了法庭，但禁止媒体和公众进入庭审。他并不完全确定认罪答辩会以一致或者法律上接受的方式作出，而他不想被告自己的言辞导致审判在开始前就充满偏见。然而记录表明，查普曼站在法庭前，承担了谋杀的所有责任。"我故意杀害了约翰·列侬，那一晚我从口袋中拿出手枪，继而以杀死他的意图打死了他。"他说。查普曼向法官保证，改为认罪答辩是他自己的决定，即使这个选择遵照了"上帝的旨意"。有罪答辩被接受了。

8月，被告在法律舞台上的最后一刻来临，他被问及在审判作出前是否还有什么要说的。他念了塞林格书中的一段话便再未发言。他的律师说，他的当事人做出了沉默的誓言。法官判了他20年监禁，只比最高刑少了5年，同时建议他在监狱中接受心理治疗。

后来，马克斯试图以查普曼作出认罪答辩时精神上无能力为由推翻定罪判决，但被驳回了。

画家的视角

约翰·列侬被杀的那晚，纽约市全城震惊。我工作的电视台新闻团队短时间内通力合作，作出了杰出的报道。由于事件发生时没有留下照片，他们让我描绘重现这起悲剧。不幸的是，那些足以获得艾美奖的绘画作品没能在疯狂的新闻采集中幸存下来。几天后，我获得了在被控凶手第一次出庭时亲自到场描绘他的机会，如图所示。在简易程序中，画家们可以坐在陪审团位置上，这在没有陪审团的情况下经常发生。从左开始：辩护律师赫伯特·阿德勒伯格、马克·大卫·查普曼、法官马丁·雷廷杰。

杰克·亨利·阿博特：
野兽的天性

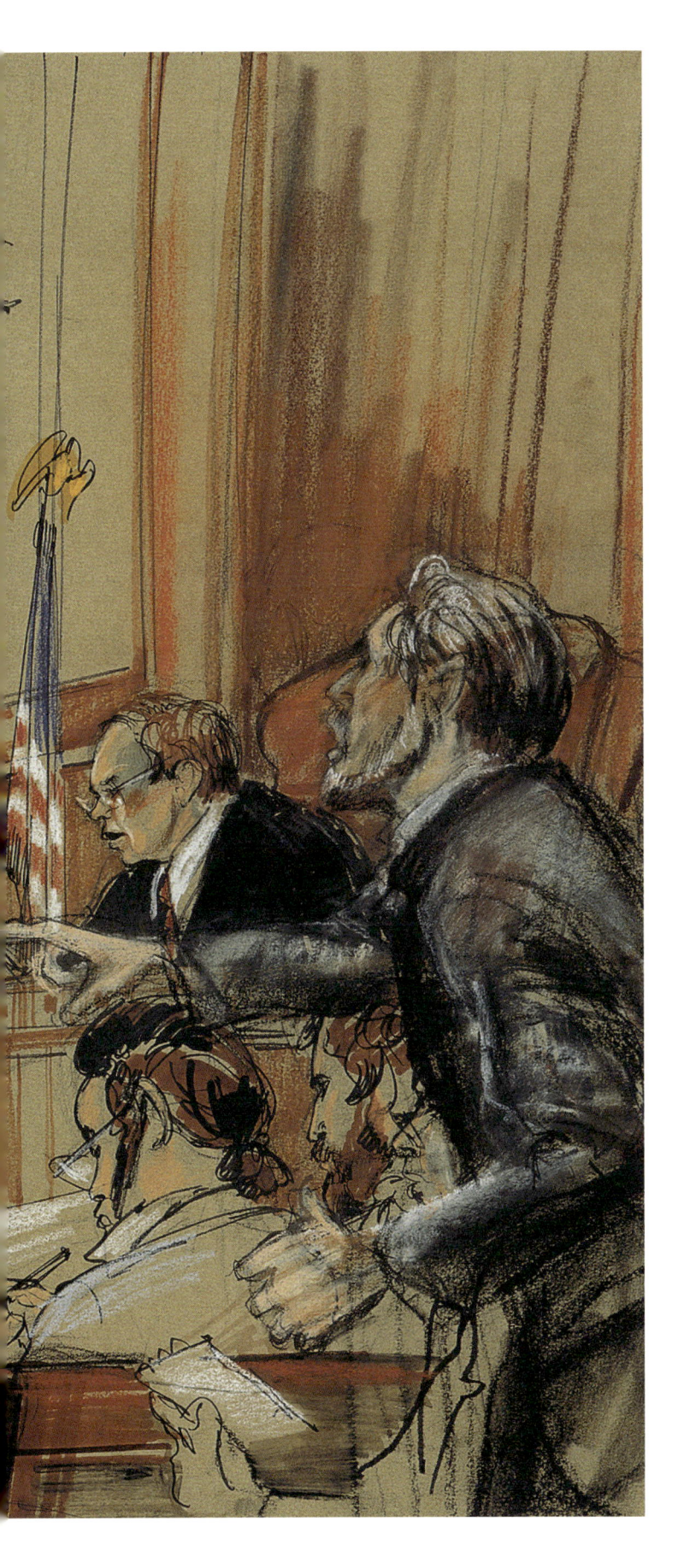

纽约州
诉
杰克·亨利·阿博特案

年　份：	1982 年
地　点：	纽约州纽约市
指　控：	谋杀、持有枪械、违反假释
裁　断：	有罪
刑　罚：	15 年监禁
法　官：	欧文·兰
检察官：	詹姆斯·福格尔
辩护律师：	伊凡·费希尔

画家的视角

阿博特作证时，被害人的岳父跳起来尖叫。这在阿博特作证快结束时发生，因此我不得不迅速找到空间把他画进去，他的手越过另一个画家的头。这幅画是在截止期后完成的——如果他的画像看上去和画中其他人不同，是因为我用彩色粉笔掩盖了下面的墨水画。

可以肯定的是，凶手会写书。在对他提起的谋杀指控的审判中，杰克·亨利·阿博特坐在证人席，听取检察官朗读他的畅销书《野兽腹中》，这本书是他写给作家诺曼·梅勒的书信集，书中讲述了狱中生活。这本书以及梅勒的介入，让阿博特从狱中获释。1981 年 7 月，这名假释犯在大街上杀死了一个人，而这本书中的一段话又让他重回监狱，度过余生。

"危险的杀手，独自行动，不带感情，深思熟虑，以常常逃脱法律制裁的谋杀行为，维护他们的原则：这是一个国家培养的罪犯眼中具有至高意义的男子气概。"地区助理检察官詹姆斯·福格尔为陪审团念了这段话。检察官试图让阿博特承认，他将杀戮作为衡量一个人的真正标准。阿博特无法掩饰他写出这些文字的骄傲之感。"写得很好，不是吗？"他问福格尔，还在寻求他的认同。福格尔接着问他，是否写过在监狱中杀人犯是"最值得尊重和最光荣的人"。阿博特确认他的确写过。

清晨五点，曼哈顿一家饭店外面，一个服务生阻止阿博特使用洗手间，而这使得阿博特失去了过文明生活的最后一次机会。从犹他州监狱获释 6 周的他在纽约以研究员身份为梅勒工作。事发前，阿博特在一家东村餐馆吃早饭，他与服务生理查德·阿丹因为洗手间只供员工使用而发生争论，接着他和这个小个子男人一同走到外面，好让自己解手。片刻之后，阿丹因为胸口的刺伤死去。阿博特曾因抢劫联邦银行和持刀杀死一个囚犯而被定罪。在这发生的几周后，阿博特在路易斯安那州被捕，接着被带回纽约接受审判。

因为阿博特和他导师梅勒的名人效应，本案马上引起了轰动。反对者认为这表明对暴力罪犯的宽容是种愚蠢；支持者则寻求对这次攻击的解释。

韦恩·拉森是那天早上路过餐馆的证人。他告诉陪审团，他看到两个男人在争吵，在做了一个看上去是"妥协的手势"后，小个子男人从冲突中走开。他说，大个子男人从背后冲向被害人，伸手拦住他的肩膀，大力刺下。刀片刺中阿丹胸口的声音，"至今还回荡在我耳边"。拉森是一个海军退伍

▲ 诺曼·梅勒签名的放大图。

军人，他说他看到杀手站在死去的被害人边上，"残忍地"嘲笑死者。

阿博特对于刺杀却有另一套说法，虽然他指出拉森所说的他在攻击后的嘲讽"基本"正确。阿博特承认他用刀刺进了阿丹的胸口，但是他把这次攻击称作"我能想象的最悲剧的误解"。他告诉陪审团，他以在狱中与暴力囚犯一起度过的生活经验来理解阿丹的动作。当他在一个垃圾站边上小解时，服务生向他走来，阿博特说这像是种威胁。"我大叫着让他别靠近。"他作证说。阿博特说阿丹动了下手，后来他意识到这可能是告诉他有其他人靠近。虽然他最后了解到服务生是友善的，但在那个时候他相信阿丹手上拿着武器。他告诉陪审团他的反应是抓住阿丹的手，伸手去拿腰带上挂着的水果刀。刺杀发生后，他说阿丹摇晃着退后，倒在路面的血泊中之前，阿丹说："你不至于杀我。""那个时候我才发现他手里没有任何东西。"他解释道。

阿博特的证词，尤其是直接询问时的悲伤结论，让被害者的亲属爆发了。被害人的叔叔突然嘲讽地鼓掌，响彻法庭。被害人的岳父向阿博特吼叫，声音贯穿整个受惊的法庭，并引起更多观众鼓掌。辩护律师伊凡·费希尔提出了无效审理的请求，但法官拒绝了。

在证据总结中，费希尔认为他的委托人在24年的监狱生活后，成了偏执型精神分裂症患者。检察官詹姆斯·福格尔对此进行反驳，他请求陪审团以常识判断。"被告的杀人方式足以让你们知道他故意杀人，"他主张，"除

画家的视角

诺曼·梅勒（中间）在法庭上坐在我后面，但在这幅画中，我转换了视角。我把自己画进了画面中，目光越过他的右肩，手中拿着画板。我试图捕捉到在听取他的门生讲述他那个版本的谋杀故事时，梅勒脸上难以置信和震惊的表情。梅勒的妻子和我同姓，因此休息时我们都一起聊了会儿天。我问梅勒他可否在画上签名。他的签名是那么小，隐藏在画面中间，给我的感觉像是在表明他想远离他生命中的这段痛苦篇章。从左开始：地区助理检察官詹姆斯·福格尔、玛里琳·丘奇、梅勒、诺里斯·丘奇、杰克·亨利·阿博特、法官欧文·兰。

非是想杀死他，不然你不会刺中某人的心脏。"

审判持续了14天，在宾馆隔离一夜后，由7名男性和5名女性组成的陪审团作出了裁断。裁断决定以一级非谋杀定罪，而未以谋杀定罪，这没有让任何一方感到满意。阿丹的家人义愤填膺，他们相信阿博特终有一天会重返社会。但他们错了。

法官欧文·兰判处阿博特15年监禁，附加假释时他因此前抢劫银行而被判处的8年剩余刑期。梅勒当时抱怨这是起"致命的判决"。2002年2月，阿博特在纽约北部的一个监狱牢房里上吊身亡。在1990年的一起标的数百万美元的非正常死亡的判决作出后，阿伯特的书带来的版税最后支付给了阿丹的妻子。对于他的门生，梅勒说，"我不知道还有谁比他的生活还糟糕"，就像是"毫无希望的弹坑"。

The Art of JUSTICE 速写美国名案 47

Judge Bennington Parker   ASST US ATTY ROGER ADELMAN

JOHN HINKLEY

美国诉

诉

约翰·欣克利案

年　份：	1982 年
地　点：	华盛顿特区
指　控：	企图谋杀美国总统，蓄意杀人的攻击未遂
裁　断：	无罪（精神病）
刑　罚：	精神病院
法　官：	巴林顿·帕克
检察官：	罗杰·阿德尔曼、斯坦利·哈里斯
辩护律师：	文森特·富勒、格雷戈里·克雷格

约翰·欣克利：总统刺客

　　刺杀疑犯花了两秒时间扣动点 22 口径左轮手枪，连发六枪。在那个短暂的时间里，罗纳德·里根总统原本正向心怀善意的人群招手，下一秒就被特工推向总统轿车后座，表情也从亲切变为惊恐困惑。总统受伤，子弹与心脏仅相差一英寸。其他三个人倒下：枪声响起时转向刺客的特工、脖子

◀ 这张黑白速写在上色前就在《纽约时报》刊登了。从左开始：辩护律师文森特·富勒和格雷戈里·克雷格、约翰·欣克利、法官巴林顿·帕克、联邦助理检察官罗杰·阿德尔曼、正在作证的证人利昂·兰福德。

▲ 从左开始：辩护律师格雷戈里·克雷格、约翰·欣克利、法官巴林顿·帕克、联邦助理检察官罗杰·阿德尔曼、陪审团。

被击中的华盛顿特区警官，以及因为头部严重受伤而倒下流血的白宫新闻秘书吉姆·布雷迪。

1981年3月的那个雨天下午，华盛顿希尔顿酒店外发生的这一切都被摄像机拍了下来。虽然那天一遍遍播放的新闻影像中的刺客形象很模糊——穿着棕褐色风衣的无名人士，手中拿着枪，接着便被一堆试图夺走枪的人群淹没。当他被戴上手铐推搡到一辆警车时，有人扔了一件夹克衫盖住了他的脑袋。直到在庭审中出现，公众都没能看到约翰·欣克利。

在特区和联邦执法官员争论谁有在先管辖权时，欣克利被带到了华盛顿特区警察局。26岁的他一头金发，毫

无特色，双眼无神。企图伤害罪和谋杀未遂是特区管辖的罪名，但特勤局想让刺客因为企图刺杀总统的特别指控而被带到联邦法院受审。"联邦党"赢了，也正是这次胜利很大程度上决定了本案的结局。

"我的律师刚刚建议我说，我没有作证的意图。"欣克利对法官巴林顿·帕克说的话听上去像是在强调，他是一个无法完全决定自己行为的年轻人。他是在1982年6月，刺杀发生的一年多后说的这些话。那时他已被判决有能力受审，他的辩护理由是刺杀发生时他有精神疾病。他的答辩，因精神病而无罪，意味着如果他是依照华盛顿特区法律审判，律师将不得不证明他无法理解自身行为的性质。但在联邦法律下，本案中的举证责任完全在控方，此时控方处于不利地位，既要证明欣克利犯下了他们指控的罪行，又要证明他精神正常到足以为这些罪名负责。

本案的事实简单易证——欣克利宾馆房间里的一封写给女演员朱迪·福斯特的信构成了认罪供述。"有一种确定可能性"，信中写道，"在企图杀死里根时我会被杀……我等不及让你刮目相看。"但确定刺客的精神状态则困难得多。欣克利的审判归结起来就是一场围绕他的精神健康问题的八周辩论，以及一次精神病学的速成培训课。

欣克利庭审中呈上的证据包括写给福斯特的诗和信件，以及他漫无目的地在国内游荡时记载他杂乱无章想法的日记——甚至还包括枪击发生一年前他亲自录下的录像。福斯特通过录像作证，证明她曾从被告那儿收到多封令人讨厌的信件并接到被告打来的电话。当录像带在庭上播放时，欣克利显然很不高兴。这是审判中他唯一一次表现出情绪。当福斯特被问及她与欣克利的关系时，她说："我和约翰·欣克利没有任何关系。"年轻的欣克利突然站起来走出法庭，法庭警卫紧随其后。

医生们作证欣克利得了某种精神分裂症。他的父母，乔安和杰克·欣克利，都作证解释他们与儿子精神病的长期斗争，以及他们因为没能帮到他而感到痛苦。他们是有身份的人，有良好的社会关系。欣克利的父亲是来自科罗拉多州长青市的石油大亨，他描述了他是如何尝试和他的儿子讲理，接着便接受了精

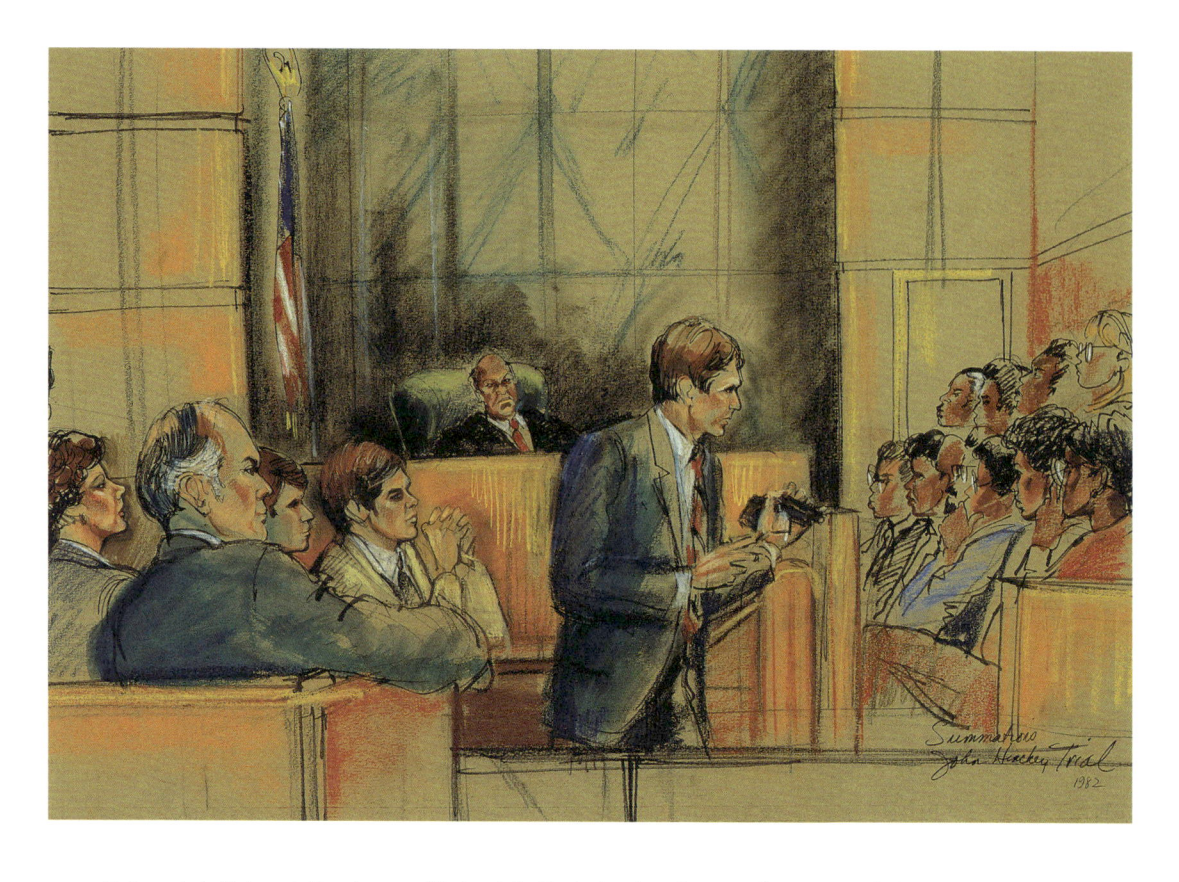

▲ 约翰·欣克利的父母每天都出席庭审。从左到右：乔安和杰克·欣克利、被告、法官巴林顿·帕克、联邦助理检察官阿德尔曼（正在展示枪击中使用的手枪）、陪审团。

神病医生的建议不让儿子回家。"我确定"，他泪眼婆娑地告诉陪审团，"这是我一生中最大的错误。"

欣克利的兄弟斯科特，是当时的副总统乔治·赫伯特·沃克·布什的儿子尼尔·布什的熟人，尼尔·布什也是第43任美国总统的兄弟。斯科特和他的姐妹戴安娜都作证说他们的父母拒绝将约翰送入精神病院，因为他们认为这样做的害处大于益处。甚至是这次刺杀的对象里根总统，都表达了对年轻的欣克利的关心，他公开评论欣克利来自一个好家庭，他希望他能好起来。

检察官罗杰·阿德尔曼试图以欣克利购买手枪并打算使用爆炸性的"毁灭者"子弹来表明其有预谋的迹象。欣克利被描述成一个跟踪者，一个深思熟虑的独行侠。他收集了大量关于刺杀的文章、练习射击术，甚至在亚伯拉罕·林肯被刺杀的华盛顿特区福特剧院外给自己拍了照片。审判时间越长，欣克利看上去就越危险。虽然关于他是否精神正常的问题像是道无解的题。

裁断结果还是让大家大吃一惊。远没他神智正常的被告都曾因比刺杀总统更轻的罪名而定罪。但来自华盛顿蓝领阶层的陪审团,却判定欣克利因为精神病而无罪。其中一个陪审员在后来接受采访时说,她感觉欣克利是一个被惯坏的享有特权的"小鬼",但检方没能证明他犯罪时精神正常。陪审员们似乎想将他定罪,但他们不能。

　　最后,欣克利被送到了精神病院,他要在那儿待到医生认定他不再对社会有害。22年后里根去世时,他还在精神病院中。

▲ 一名联邦法院事务官※密切关注着约翰·欣克利。坐在欣克利边上的是他的律师文森特·富勒和格雷戈里·克雷格。检察官斯坦利·哈里斯和罗杰·阿德尔曼坐在右边。

※ 联邦法院事务官（U.S. marshal）,全称为 United States Marshal,是政府行政序列的雇员,负责执行联邦法院的指令。参见《元照英美法词典》,北京大学出版社 2013 年 10 月缩印版,第 897 页。

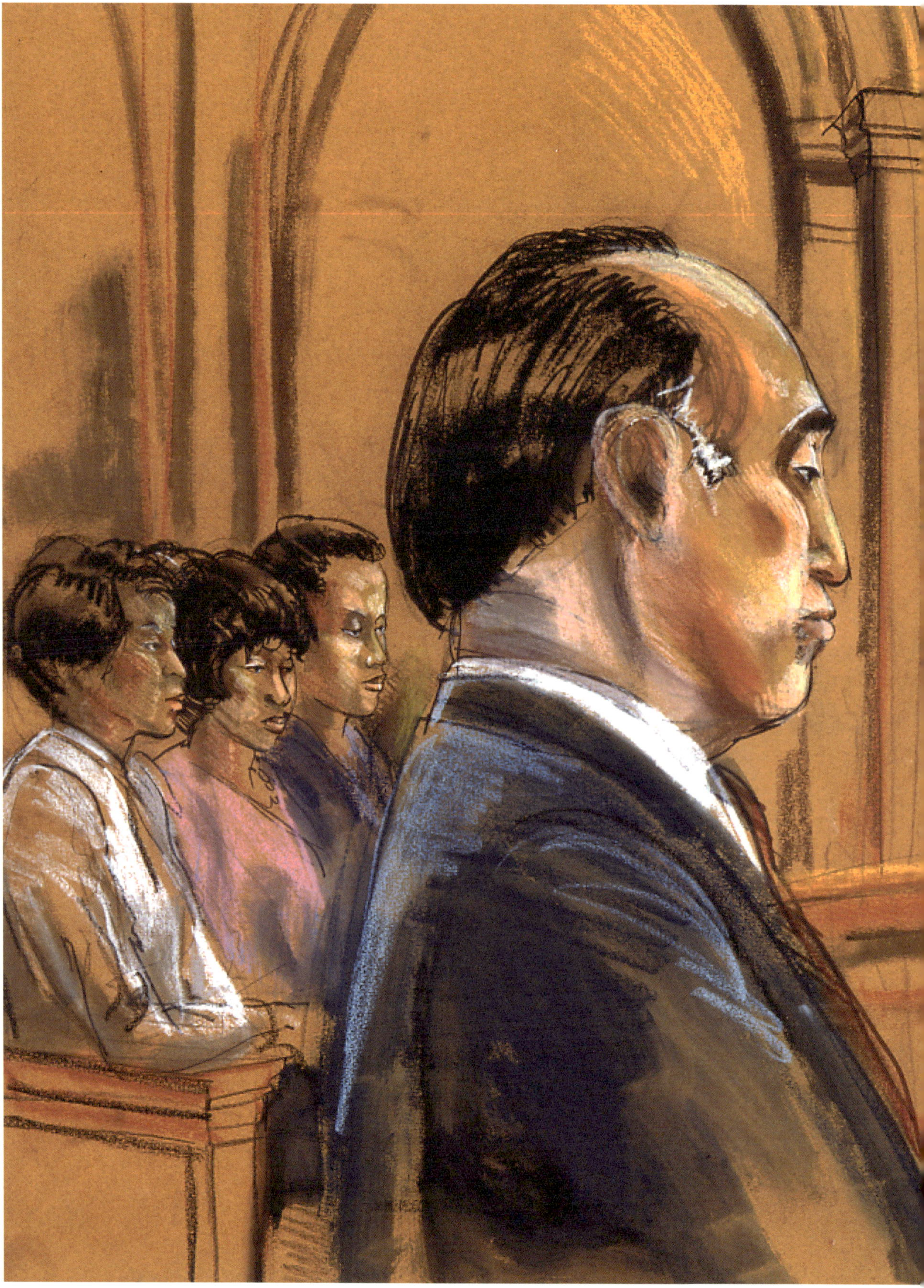

美国诉

诉

文鲜明、神山高石武案

年　份：	1982 年
地　点：	纽约州纽约市
指　控：	共谋犯罪、逃税、伪证、提交错误文件
裁　断：	有罪
刑　罚：	文：18 个月；神山：6 个月
法　官：	杰勒德·戈特尔
检察官：	乔·安·哈里斯、马丁·弗鲁门鲍姆
辩护律师：	查尔斯·斯蒂尔曼、安德鲁·劳勒

文鲜明牧师：
"上帝"受审

讽刺的是，文鲜明牧师的税务案件开庭之日也正是这位备受争议的韩国传教士的统一教即将在美国被授予免税地位之时。即便在全世界有 300 万追随者，该教在美国也并不完全合法。这也是为什么在一些人看来，1982 年对文和他的高级助手的税务调查，像是场关于宗教自由的冲突。检方花了六个星期，以 30 个证人以及上千份文件来证明事实并非如此。

◀ 文鲜明牧师看上去寂寞孤独，尽管每天都有一群追随者坐在他后面。

成为联邦法院的刑事犯罪被告时,文已经 62 岁。他最开始受到美国官方和媒体注意是在 20 世纪 70 年代早期,当时他那惹人注意的大批追随者在街上卖花,以招募新成员。媒体将他的年轻追随者们称为"文粉"。很多追随者的父母抱怨子女在加入这个新宗教后就离开家庭,拿着低于正常水平的工资长时间工作。关于洗脑、利用,以及不正常的婚姻和性这类故事传开,而文批评美国社会的公开言论,看上去以救世主自居,也让人难以容忍。统一教的核心理念是,文和他的妻子是其追随者的"真正父母",但对于很多人来说,他的宗教像是种危险的邪教。

虽然教徒们生活得简单,文和他的妻子韩鹤子,大部分时间都住在豪华居所,聘请司机乘坐豪华轿车往返纽约。文名下有一个 160 万美元的账户,持有一家人参茶公司的大量股票。账户利息和股票分红给他带来了六位数的收入,而这些收入从未向政府报告。

庭审中的作证过程极其冗长,充斥着列有数百个账户交易的表格和文件。联邦助理检察官乔·安·哈里斯告诉陪审员,本案归结起来就是"贪婪、傲慢和权势"。账户记录表明在 1973 年到 1975 年间,账户中有"大量无法解释的现金"。在提到宗教自由问题时,她向陪审员坦言:"本案与教会的免税没什么关系。"但这种印象很难避免,检方的很多证人都公开对文表示同情,以至于检察官们抱怨记录他们的证人证言就像是在"拔牙"。

辩方主张这些钱、股票和房产都是教会财产。但检方专家认为文件上的水印证明,是在所谓的交易发生之后很久才签署的——换句话说,它们被篡改了。正是这项证明掩饰的证据将这起未报告收入的简单事件升级为刑事指控。

文的律师查尔斯·斯蒂尔曼说,这些文件完全没有被篡改,而是被不了解美国法律要求的韩国和日本教会职员"重构"了。斯蒂尔曼主张这些文件倒填日期实际上是为了符合法律规定,而不是违反法律。

庭审中,两个翻译坐在被告边上,为文将证人证言翻译成韩语,为他的助手,共同被告神山高石武翻译成日语。两个被告都没有作证,而 8 个教会成员作证说文仅仅是名义上持有教会资产。

在将本案提交给陪审团之前,联邦地区法官杰勒德·戈特尔明确了手上的任务。他将其称作一起"神圣的探求,即正义的探求",同时提醒陪审员在不考虑"种族、宗教或民族本源"的情况下作出他们的决定。

裁断在四天的审议后作出。在审判前，被告曾放弃接受陪审团审判的权利，但检方坚持应有一个陪审团。由十名女性和两名男性组成陪审团认定文因为共谋犯罪和未报告收入而被定罪。神山也因为共谋犯罪以及在逃税、作伪证和提交错误文件中提供协助而被定罪。在一个月后的判刑中，文被判入狱 18 个月，而神山为 6 个月。

文花了两年时间用尽了上诉渠道。最终，1984 年 7 月他被送进了康涅狄格州丹伯里的一家中等安全级别的监狱，13 个月后，因为良好表现终止刑期，在布鲁克林的一家重返社会训练所中被释放。神山几个月后就被释放了。文说他在丹伯里时获得了"与上帝在一起的感人经验"。在他释放后，他的教会名望衰退，这也刺激了他的组织发生巨大转变，但他仍然十分富有。他的很多活动都转向商业和慈善事业，意图与华盛顿的政府势力保持亲密关系。

布林克抢劫和黑人解放军：
法庭上的革命

速写美国名案 59

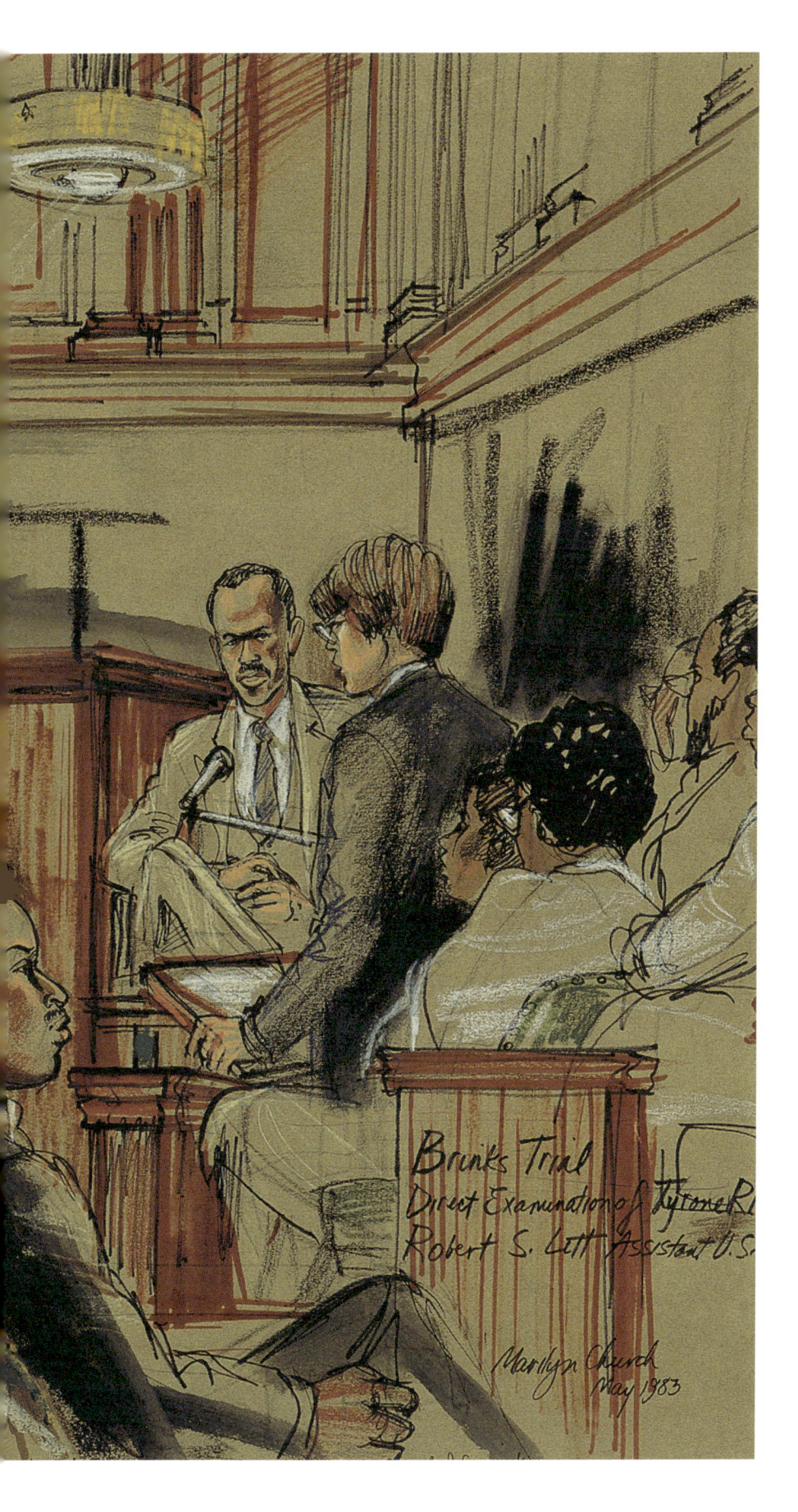

◀ 联邦庭审中,联邦助理检察官罗伯特·利特对蒂龙·赖森进行直接询问。法官凯文·达菲主审。前景,从左开始:被告巴拉·桑尼·阿里、塞孔·奥丁加、塞西尔·弗格森、伊利亚娜·罗宾逊,以及爱德华·约瑟夫。

纽约州

诉

朱迪思·克拉克、大卫·吉尔博特、唐纳德·威姆斯（又名库瓦斯·巴拉贡）案

年　　份：1983 年

地　　点：纽约州歌珊地

指　　控：谋杀、抢劫、企图伤害、持有武器

裁　　断：有罪

刑　　罚：75 年监禁

法　　官：大卫·利特

检察官：肯尼思·格里贝茨

辩护律师：被告们

美国

诉

纳撒尼尔·伯恩斯（又名塞孔·奥丁加）、西尔维亚·巴拉迪尼、爱德华·约瑟夫、塞西尔·弗格森、威廉·约翰逊（又名巴拉·桑尼·阿里）、伊利亚娜·罗宾逊案

年　　份：1983 年

地　　点：纽约州纽约市

指　　控：犯罪组织非法活动、共谋犯罪、抢劫、抢劫从犯、逃逸从犯

裁　　断：混合

刑　　罚：伯恩斯和巴拉迪尼：20 年；约瑟夫和弗格森：12 年半

法　　官：凯文·达菲

检察官：罗伯特·利特、斯泰西·莫里茨、保罗·萨米特

辩护律师：查克维·卢姆巴、威廉·莫格列斯库、杰西·伯曼、劳伦斯·斯特恩、林恩·斯图尔特

纽约州

诉

凯西·博丁及塞缪尔·布朗案

年　份：1984年

地　点：纽约州白原市

指　控：谋杀、抢劫、企图伤害、持有武器

裁　断：博丁：重罪谋杀（认罪）；布朗：有罪

刑　罚：博丁：20年监禁；布朗：75年监禁

法　官：大卫·利特

检察官：肯尼思·格里贝茨

辩护律师：罗伯特·伊赛克、伦纳德·瓦因格拉丝

依据法律，这些庭审只是对可怕罪行的审判，但被告席上的男男女女却坚称他们是在革命。黑人解放军的"战士们"想在几个南方州建立乌托邦式的黑人共和国。而他们危险的梦想需要钱，最终，在安静的哈德逊谷小镇发生的疯狂运钞车抢劫中，热血四溅。随后的庭审既是场令人不满的政治剧，也是有缺陷的正义。

就在1981年10月20日下午四点前，布林克运钞车正在进行那天最后也是金额最大的一次运输，即从南坞特国民银行带走160万美元。六个戴着面罩的劫匪跳下一辆货车，在猛烈的伏击中用猎枪、手枪和全自动M-16步枪开火。顾客们震惊地四处躲藏或蜷缩在一块儿，数量不明的共犯在外围放哨。两分钟后，钱被装进货车，劫匪们在那个斑斓的秋季午后逃走。保安彼得·佩奇死去，而他那严重受伤的同伴则在过道里尖叫。黑人解放军完成了革命的"一次征用"。

▲ 律师查克维·卢姆巴指向他的客户塞孔·奥丁加，他在州法院的预审中站在左边。从左开始：律师伦纳德·瓦因格拉丝；被告库瓦斯·巴拉贡、奥丁加、朱迪思·克拉克和大卫·吉尔博特；辩护律师卢姆巴、苏珊·狄坡格拉芙、林恩·斯图尔特以及朱迪思·霍姆斯。辩护律师全都带着黑色臂章。

其中一名因本次袭击受审者责怪死去的受害者挡了道。"只要不挡他人财路，运钱的人是安全的。"库瓦斯·巴拉贡说，"因为征用的目标是征收革命强制税，不是为了引起伤亡。要是彼得·佩奇不要那么蠢，他本可以活着。"随着刑事辩护策略的推进，这些说法并没帮上什么忙。

六个抢劫者抛弃了货车，换过多种交通工具，包括一辆租来的 U-Haul 卡车和几辆普通轿车。部分持枪者带着钱一起藏在 U-Haul 的货箱中，一直开到南尼亚克附近的纽约州高速公路入口，才在路障前被拦下来。警察掏出枪靠近，但在前排的一对白人男女爬出车厢抗议时，他们放松了戒备。一个警官试着打开车厢的门，一开始把手动不了，接着车门突然打开，一群人带枪出现，四处扫射。

子弹猛烈地射向马路对面的加油站，人们四散而逃。两个警官在疯狂的交火中死去。警官卡弗利·布朗在 M-16 步枪的子弹扫射中倒下，警佐爱德华·奥格雷迪也在多次枪击中流血倒地。奥格雷迪在倒下前试图击中其中一个暴徒，但

画家的视角

每场布林克庭审都很有视觉效果。激进分子们带着臂章,很多观众都穿着非洲长袍,带着非洲头饰。突发事件是爆炸性的,法官们很难维持秩序。在法庭警卫和进行额外防卫的联邦法院事务官们的铜墙铁壁下,经常很难打量四周。

没有成功。一个凶手在短射程内用手枪终结了他的生命。持枪者们穿着防弹衣,警官们没有。

坐在前排的白人女性凯西·博丁逃离现场时在路边被捕,她歇斯底里。此后,为了在抢劫同谋罪和杀死佩奇的罪名上减少刑期,她最终认罪。

劫匪们试图冲破路障,但被子弹穿透的 U-Haul 撞上了路边停放的警察巡逻车,无法向前。其他嫌犯聚集在三辆不同的车内:其中一辆是一直跟着租用货车的追车,另两辆车是之前在其他地方劫持的。随后,三名嫌犯在他们的车撞毁时被捕,一起撞毁的还有后座抢来的 80 万美元。

到了 1983 年 9 月,有两起独立的审判正在进行,一起在州法院,另一起在联邦法院。州法院的审判持续了八周,从犯罪所在地转移到更偏远的纽约州奥兰治郡。在那里，坐落在歌珊地的小小郡法院被改造成了一个堡垒。被告朱迪思·克拉克、大卫·吉尔博特和库瓦斯·巴拉贡被指控犯下谋杀罪、抢劫罪、企图伤害罪和重偷盗罪。克拉克和吉尔博特曾经也在那辆和后座80万美元一起撞毁的逃车上，吉尔博特同时被指认是U-Haul的司机。巴拉贡是在抢劫发生三个月后于布朗克斯被捕的。法医专家们说，在布林克的钱袋上发现了他和吉尔博特的掌纹。

在庭审中的大部分时间，三名被告都不太配合，他们总在质疑法庭的合法性，并宣称："我们正处于战争中。"控方传唤了86个证人，但没有人可以清楚分辨劫犯们在抢劫中的特定行为。

唯一的辩方证人塞孔·奥丁加同时也是联邦庭审的被告，他向陪审团解释了黑人解放军想做的事。他没有供出姓名，但他在交叉询问中说，杀死警官和保安是正当的。片刻之后，洛克兰郡地区检察官肯尼思·格里贝茨告诉

▼ 1984年5月，在对她参与的布林克运钞车抢劫的审判中，激进分子凯西·博丁为自己辩护。她告诉法官在抢劫过程中她没有武器，还试图投降，尽管她知道团体中的其他人都全副武装。从左开始：地区检察官肯·格里贝茨、被告的父亲伦纳德·博丁、凯西·博丁、辩护律师伦纳德·瓦因格拉丝、法官大卫·利特。

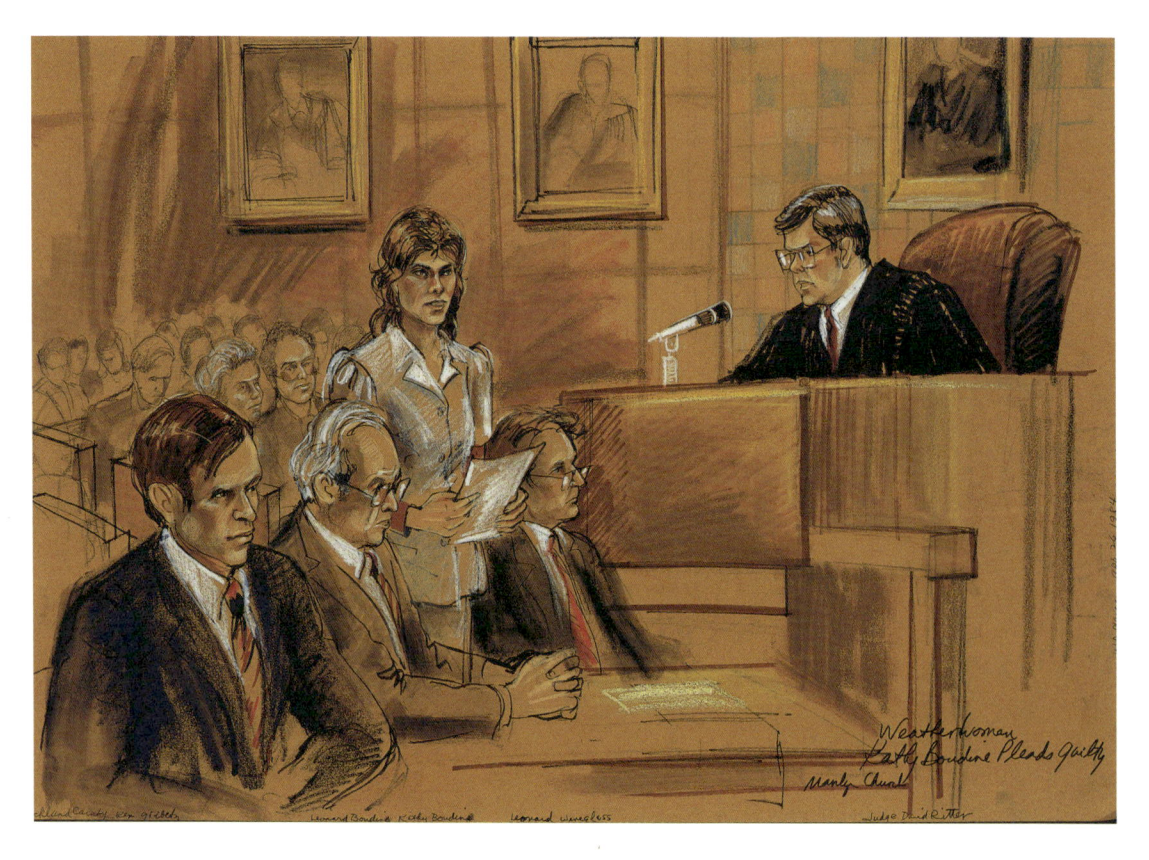

陪审团:"所有这一切是一个犯罪团伙犯下的运钞车抢劫和对三个人的恣意杀戮。法庭之上无政治。我们受纽约州法律而非野蛮行为指引。"三个被告都因参与这场致命的抢劫而被认定为有罪。根据纽约州法律,在任何有人被杀的抢劫中,劫犯均自动构成二级谋杀罪。

联邦法院的庭审在纽约市进行,持续了21周,就在州庭审前几天结束。六名被告因为多种暴力革命行为而被指控,其中就包括布林克抢劫。终结辩护时还播放了一首名为《解放歌》的爵士乐,里面有其中一名被告的萨克斯独奏。

联邦助理检察官罗伯特·利特传唤了超过100个证人,将

▲ 辛西娅·波士顿,又名弗拉尼·桑尼·阿里,因为拒绝配合联邦大陪审团而入狱。她最后在她的律师达成交易后被释放。在联邦审判中,她的丈夫巴拉·桑尼·阿里在所有指控上都被宣布无罪。从左开始:一个联邦法院事务官、辩护律师查克维·卢姆巴以及波士顿的律师威廉·孔斯特勒(站着的)、波士顿、法官查尔斯·海特,检察官约翰·马丁(戴眼镜的),律师C.弗农·梅森。

被告们的布朗克斯和长岛抢劫、新泽西的激进分子乔安妮·柴思蒙得越狱、合谋协助布林克抢劫的行为定罪。然而,当陪审团裁断被告们在布林克抢劫上无罪时,旁听者们感到震惊。错愕的法官凯文·达菲在法官位上说:"我从来都弄不懂陪审团。"

除了两名被告,所有被告都因犯罪组织非法活动罪共谋和其他相关罪名获得了漫长的刑期。醉心于音乐的萨克斯手巴拉·桑尼·阿里被认为在所有指控上都无罪,以自由之身走出了法庭,同样的还有伊利亚娜·罗宾逊。

另外两名在犯罪现场被捕的被告则在另一个州受审,部分是因为他们决定聘请律师和提起辩护的努力。从U-Haul中逃走的博丁说她从未打算伤害任何人,而枪击开始时她就举起了双手。在大卫·吉尔博特定罪后,她嫁给了他并认了罪,最后在2003年获得假释,这让受害者的亲朋感到沮丧。

和吉尔博特、米勒一起在撞毁的逃亡车中的,还有塞缪尔·布朗,他宣称自己是无辜的旁观者,被骗和其他人一起开车去了洛克兰郡,被捕时他整个人都是困惑的。但证人证言表明,他实际上参与了商场和路障上的大部分枪击。格里贝茨把他称作"一个惯犯、一个常见的暴徒"。他被判入狱75年。

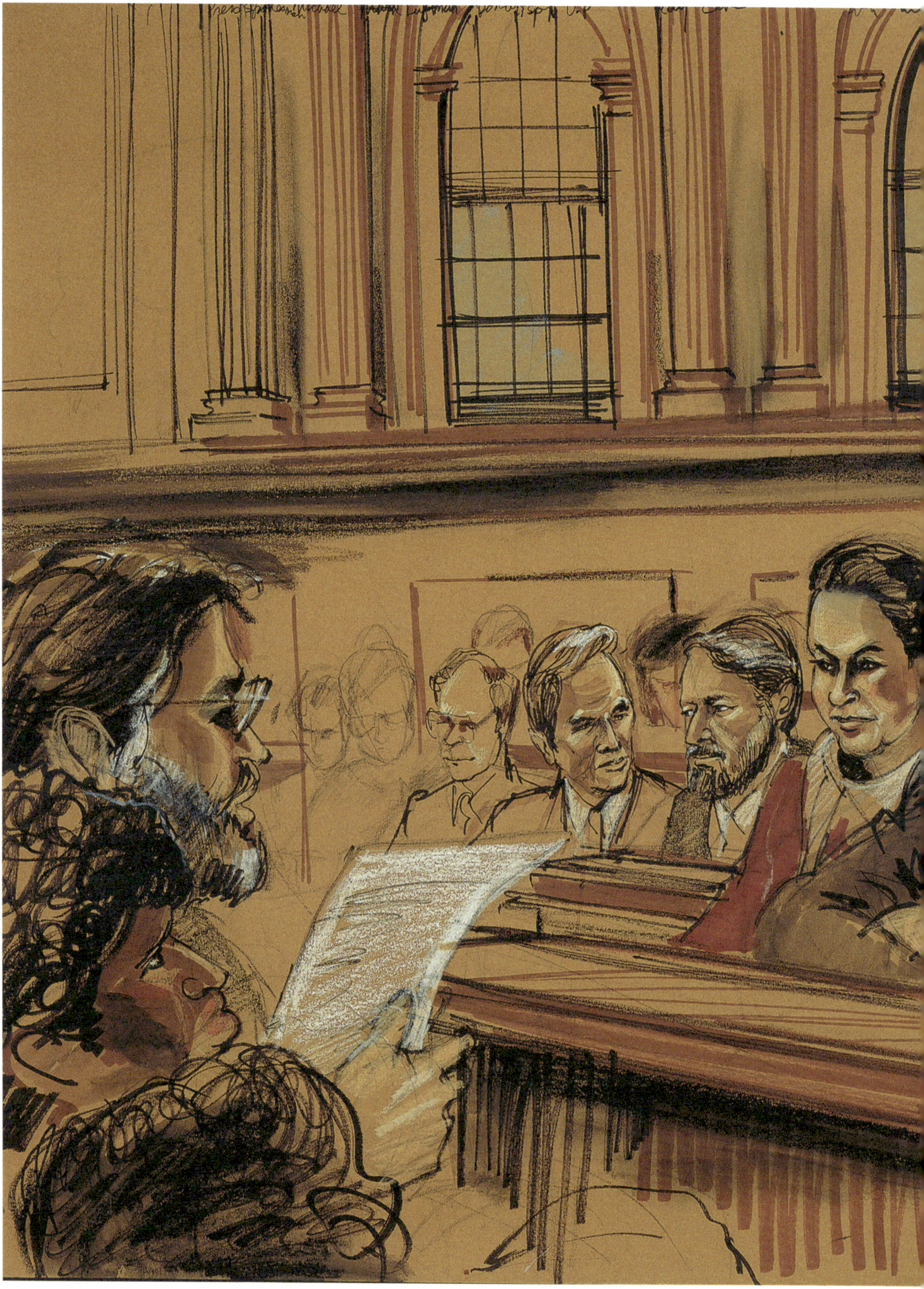

阿里埃勒·沙龙
诉
时代公司案

年　份：1985 年

地　点：纽约州纽约市

诉讼请求：诽谤

裁　断：未确认，无赔偿金

法　官：亚伯拉罕·索非尔

原告律师：米尔顿·古尔德

被告律师：托马斯·巴尔

沙龙诉《时代》：
血祭诽谤※还是透彻真相?

　　本案始于中东的一场屠杀——对表面上由以色列军队控制的难民营里的数百位巴勒斯坦平民的谋杀。这在美国法庭上变成了一场真相之争，以色列前国防部长阿里埃勒·沙龙寻求更正关于他在这次屠杀中的记录，并希望通过诉讼从《时代》拿到五千万美元的赔偿。最后，本案明确了公众人物与新闻自由相冲突时的补偿界限。双方都宣称自己获胜，但实际无人胜利。

◀ 沙龙的妻子莉莉在裁断作出那天坐在他边上。她看上去比沙龙还沮丧。

※ 血祭诽谤是欧洲中世纪对犹太人的错误指控，控告犹太人谋杀基督教儿童，以此获得他们的鲜血用于制药、准备逾越节的无醇饼，或为复仇及嘲笑耶稣被钉死。

▲ 阿里埃勒·沙龙指着黎巴嫩贝鲁特的地图,以阐述以色列部队的部署,也解释了部队紧挨巴勒斯坦难民营

沙龙以受伤之鹰的姿态来到法庭。1982年,他命令以色列部队跨过国家北部边界到达黎巴嫩,以终止巴勒斯坦解放组织针对犹太村庄的血腥镇压。通过坦克和步兵纵队,以色列人镇压了装备更少的阿拉伯人。在将主要的巴勒斯坦难民营围在黎巴嫩首都西部之后,以色列人将他们的战士封锁在贝鲁特。从那时候开始,战争变成了大规模屠杀。黎巴嫩基督教长枪党和以色列人一起进入了萨布拉和夏蒂拉的难民营,在为时36个小时的暴力狂欢中,残杀了数百名男女和儿童,与此同时以色列军方则守在外围。

全世界包括大部分以色列民众,都惊骇于以色列国防军在这场暴行中的明显共谋行为。在以色列最高法院大法官伊茨哈克·可汗主导的官方调查委员会作出沙龙对屠杀负有"间接责任"的结论后,沙龙被除去公职。1983年2月12日,《时代》杂志以封面故事做了报道,让他遭到了更多责备。

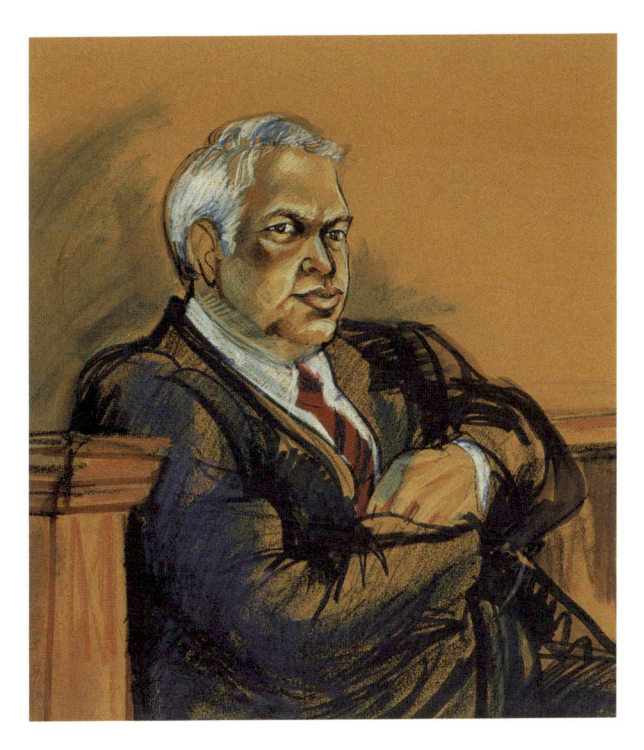

《时代》杂志报道，以色列人不仅允许长枪党人进入难民营找寻恐怖分子，沙龙自己还在屠杀前一天与黎巴嫩基督教组织的高层会晤，商讨针对刺杀总统当选人巴什尔·杰马耶勒的行动而"复仇"的必要性。根据《时代》记者大卫·阿莱维的报道，会晤的细节包含在以色列调查委员会撰写的报告的秘密附件B中。沙龙被杂志报道的故事激怒，以战士的本能与敌人背后势力斗争——他在美国地区法院起诉了《时代》杂志。

本案在史上著名的审判过罗森伯格、阿尔杰·希斯以及美国前司法部长约翰·米切尔（见本书第2页）的法庭里进行。沙龙的律师米尔顿·古尔德将《时代》杂志的故事称为"谎言和恶意猜测"的汇集。他告诉陪审团，没有什么比历史的审判更加利益攸关。没有法庭的维护，沙龙将被永远视为"一个魔鬼，另一个希律王，一个下令将妇女儿童屠杀的人"。《时代》的主辩律师托马斯·巴尔反驳说，沙龙在调查委员会遭到的抨击已经让他公开失去了颜面。"他是个好战者，他不得不攻击一些人，"巴尔说，"而他没法起诉委员会。"

沙龙是庭审中的第一证人。他否认曾经和"任何黎巴嫩人"谈论过复仇。他说，萨布拉和夏蒂拉的事件是一次失误。"我们显然犯了错，民众在这次悲剧事件中伤亡，"他说，"我为此受到了惩罚，也付出了代价。"《时代》的公开报道，名为"裁断有罪"，在沙龙眼里这是言过其实的。他说："我感到在《时代》杂志的文章发表后，又有了一波新的恨意。"

沙龙的部分举证责任是要证明《时代》杂志损害了他的名誉。巴尔介绍了《时

画家的视角

沙龙很愿意和媒体接触，随时准备谈论和讲述他那个版本的故事。坐他边上进行特写十分容易，这很有帮助，因为威斯特摩兰案（见本书第72页）也同时在同一个法院审判。我可以上下台阶，从一个庭审赶到另一个，惊险刺激，我害怕错过任何一边的重要部分。

代》文章出现之前的其他几份出版物，里面提及沙龙时用到"死亡部长""谋杀者"或"嗜血的自大狂"这样的词汇。在交叉询问中，巴尔问沙龙，可汗的调查委员会是否已经损害了他的公众形象。他问道："把该隐之名赋予你难道没有损害你的名誉吗？"沙龙很坚决。"可汗的调查委员会从未说过一个词或一句话，说我应为谋杀、杀戮、提出谋杀，或讨论杀死无辜民众而负责。"他答道。他坚称这些是《时代》杂志所为。

为了赢得本案，沙龙同样需要证明《时代》文章中的冒犯之言不仅诋毁了他的名誉，同样还是失实的，同时《时代》杂志的编辑在文章发表时有理由相信这是失实的。阿莱维说秘密消息源跟他说了调查委员会报告的保密部分，而进一步调查让他相信，以色列领导人"对于长枪党人针对黎巴嫩巴勒斯坦问题作出的'最终解决方案'十分了解"。他坚称他社论的结论显而易见。"沙龙部长怎么可能不知道长枪党人会展开一次屠杀？"他反问道。

但是，阿莱维不得不承认，他的报道很大程度上是基于推测。由于故事的真相将围绕秘密附件B所实际包含的内容，法官亚伯拉罕·索菲尔向以色列政府施压并获得了这份文件。《时代》杂志聘请了一位以色列律师阅读争议中的文件，以色列调查委员会主席可汗作证，附件B无法支持《时代》的报道。

在审议的第三天和第五天宣布的部分裁断中，陪审团认为《时代》的报道是错误的和诽谤性的。但是，对于金钱上的裁断，将依赖于在《时代》刊印时，杂志社的编辑是否有理由知道报道的错误。

在整整考虑了11天后，陪审团在第二个问题上并未让这位以色列政治家如愿。最后的裁断认为《时代》杂志刊印这个故事并不带有恶意，因此，无法依据美国法认定构成诽谤。庭审现场的人说，沙龙在听到裁断时看上去闷闷不乐。有人形容道，他的妻子莉莉看上去很受挫。尽管如此，陪审团还提出了一个不同寻常地请求，在向被告递送裁断的同时附带一份指责声明，里面说阿莱维和其他不知姓名的《时代》员工"在进行报道和验证信息时疏忽大意、漫不经心"。

一份官方的《时代》声明则宣称其获胜,并且表明本案"本来永远不该被带进美国法庭"。但如果沙龙不是一名公众人物,只需证明疏忽大意就很可能让本案结果对他有利。沙龙坚称他已经达到了他的目的。"我们是来证明《时代》杂志撒谎了,而我们也设法证明他们的确撒谎了。"沙龙的律师说得更简单:"钱是我们唯一没有得到的东西。"

▲ 律师米尔顿·古尔德对阿里埃勒·沙龙进行直接询问。《时代》的主辩律师托马斯·巴尔坐在古尔德后面。《时代》杂志的作者威廉·史密斯和斯图尔特·戈尔德坐在巴尔右边。法官亚伯拉罕·索菲尔主审。

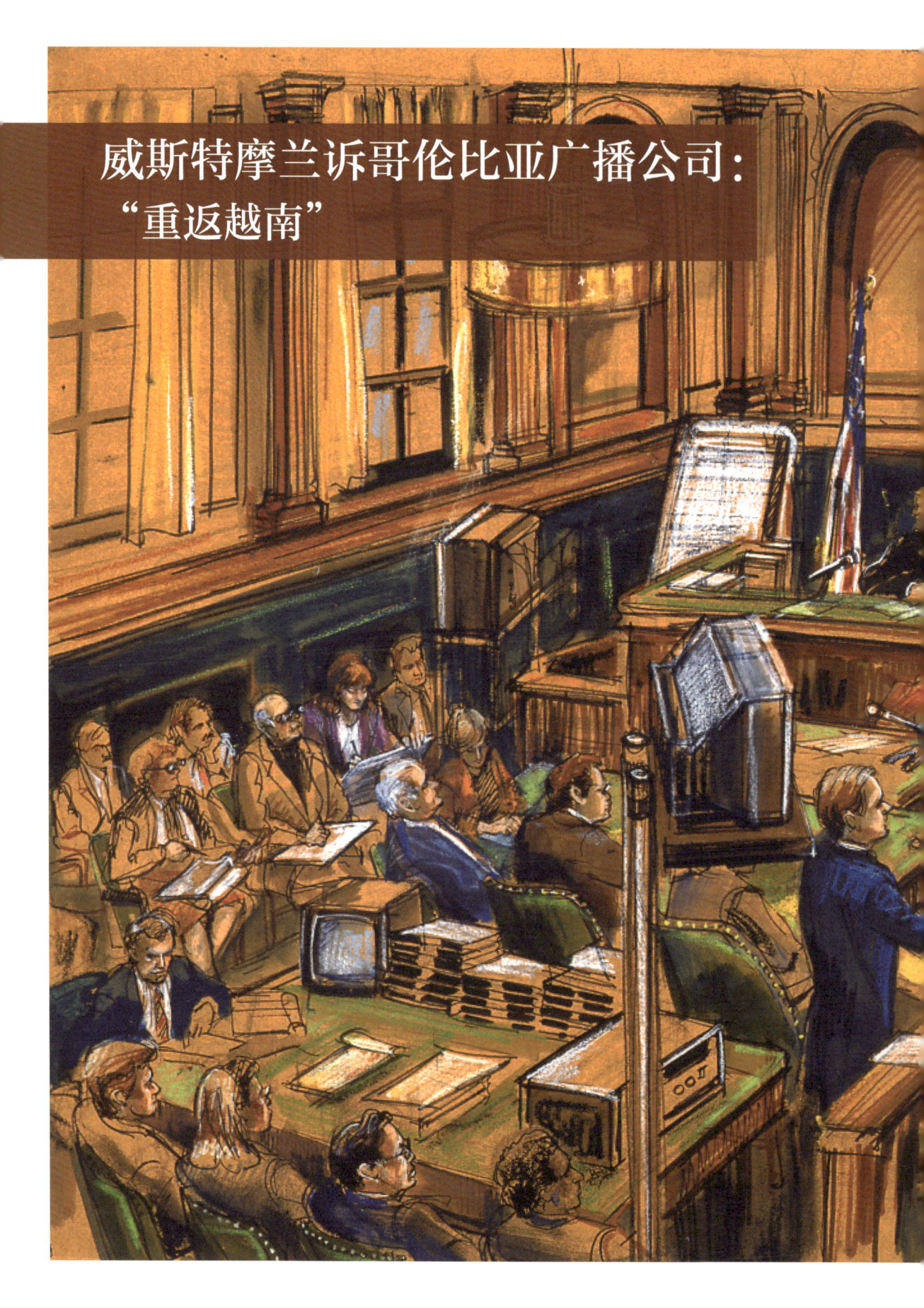

威斯特摩兰诉哥伦比亚广播公司："重返越南"

速写美国名案 73

威廉·C. 威斯特摩兰 诉 哥伦比亚广播公司案

年　份：1985 年

地　点：纽约州纽约市

诉讼请求：诽谤

裁　断：和解；共同声明，无赔偿金

法　官：皮埃尔·莱文

原告律师：丹·伯特

被告律师：大卫·博伊斯

画家的视角

在其中一天的无聊举证中，我采取了鸟瞰的视角来夸大无止境地重复 60 分钟录像带的重要性。当然，法庭中没有楼座，因此我想象自己坐在一个楼座中画下这张草图。请注意左边那名工作中的画家，正是穿着紫色夹克衫的我。

▲ 这是一幅典型的赶截止时间的画作。没有时间完成这幅草图,因此未完成时就被播出了。只有威斯特摩兰和法官皮埃尔·莱文是完整画完的。

当退役将军威廉·威斯特摩兰走进联邦法院自证清白时,美国还在着手解决越南战场上的错误。他对哥伦比亚广播公司提起的诉讼就像这场战争本身——昂贵,很可能无意义,且最终是一场伪装成胜利的失败。

争议的焦点是电视台在1982年播出的纪录片《未计数的敌人:越南骗局》,里面提出美国军方故意少报了越南敌方战士的数量和力量。纪录片由制片人乔治·克里勒制作,由电视台记者迈克·华莱士讲述。里面认为美国在越南的地面部队总司令威斯特摩兰在报告敌方力量时少报了数量,因为过高数量的估测会在国内引起政治问题。将军的律师丹·伯特宣称,哥伦比亚广播公司不公平地将政府内部对如何计算无规律可循的越共间谍数量的争论称为意在误导华盛顿高层的共谋，这让这位美国前总司令"感到羞耻、受到侮辱"。

哥伦比亚广播电台聘请了律师大卫·博伊斯为其辩护。"他们没有编造。"他告诉陪审团。他说《未计数的敌人》是"真实和准确的"。但威斯特摩兰相信他被不公地污蔑了，而他也不是唯一这么想的。《电视指南》上有一篇关于这部纪录片的文章，批评了克里勒让电视采访对象在摄像机下变得更有说服力的摄制技巧。这篇批评文章名为《污蔑解析》。

本案庭审持续了18周，和以色列将军阿里埃勒·沙龙诉《时代》杂志诽谤案（见本书第66页）在同一个法院进行审判。旁听者和记者在两场庭审中来回奔忙。两案的律师和证人面对着同一批摄像机和记者。这就好像是新闻媒体自身的信誉在接受审判。

威斯特摩兰在事实准确度和公正客观性方面攻击纪录片。他的首要证人，前白宫国家安全顾问沃尔特·罗斯托透露，他曾为这部片子接受了采访并为将军辩护，但他的有利评论并未收入在纪录片中。威斯特摩兰坚称，总统林登·约翰逊知晓是否将所谓的家乡护卫军囊括在敌方部队力量预估中的情报讨论。家乡护卫军是被刻意排除计数的——美国人在进行情报预估时考虑的是全副武装的士兵，但家乡护卫军大部分都没有武器，还包括了"相当多数量的女性"，据罗斯托说。

威斯特摩兰自己作证了九天，坚称他在越南冲突或漫长从军生涯中的任何时候，都从未向上级撒谎。他的律师接着传唤克里勒到证人席，让他解释在他讲述未计数敌人故事时的访谈技巧和编辑删减。克里勒坚持所呈现的事实是准确的，他认为威斯特摩兰在预估数量中排除家乡护卫军的决定，构成了"一次情报暴行"。

将军的保守支持者们，资助这场法律诉讼的资本法律基金。他们相信这个案件对他们有利，而一个看上去客观公正看待事实的陪审团将会作出哥伦比亚广播公司歪曲真相的结论。但是，在告诫陪审员公正客观并非本案的争议焦点时，法官皮埃尔·莱文强调了原告要经历的艰难历程。他提醒大家，根据美国关于诽谤的法律，威斯特摩兰不仅要证明纪录片是错误的，还要证明哥伦比亚广播公司在播出纪录片时应有合理理由知道这是错误的。将军的

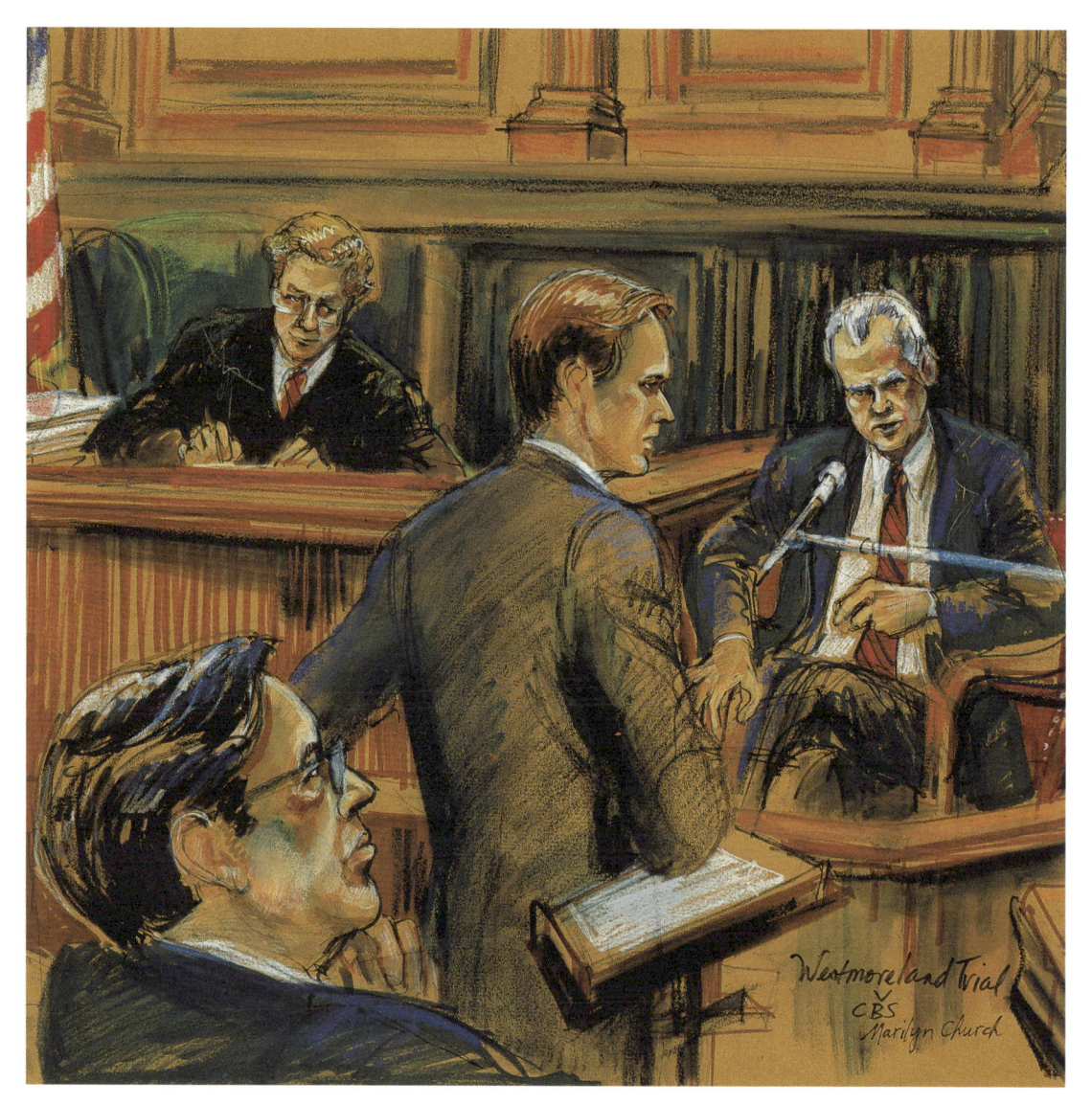

_____画家的视角

偶尔会有张脸很难捕捉，对我来说，迈克·华莱士的脸就是如此。他全国知名，很容易识别，也是我老板——《纽约时报》的编辑阿贝·罗森塔尔的朋友。事实上，人们常常不像其他人看待他们那样看待自己或自己亲近的同伴。罗森塔尔对这张画的私人兴趣让我紧张。我利用《时代》照片库中的照片，在保证华莱士的相似性上多花了点时间。从左开始：华莱士、法官皮埃尔·莱文、被告律师大卫·博伊斯、威斯特摩兰。

这个案件的胜负关键在于，是否有"清楚和有说服力的证据"表明哥伦比亚广播公司粗心大意地忽视了真相。

本次庭审始于1985年10月初，到第二年1月9日，威斯特摩兰停止举证。接下来轮到哥伦比亚广播公司讲述他们那边的故事了。共同被告山姆·亚当斯，一名中央情报局前分析师，告诉陪审团越南部队力量在战争中被错误低估了，大概有一半的美国部队在这场冲突中死于这些"未计数的"敌方力量。另一名中央情报局的前任官员，乔治·艾伦，指控他的上司在提交那些低估的数值时"背弃了自己的原则"。退役陆军少将乔治·麦克里斯琴作证说，威斯特摩兰拖延报告较高的敌方力量数据给华盛顿，因为这类新闻会是个"炸弹"。退役陆军上校盖恩斯·霍金斯说，威斯特摩兰把较高的部队力量数据称作"政治上无法接受的"。

到了2月中旬，原告感到他们的案子在走下坡路，因此决定做庭外交易以终止本案。伯特后来告诉记者，威斯特摩兰在听到他的前同事作证反对自己时感到心碎。终止庭审的解决方案既没有金钱补偿也没有道歉或撤销声明。电视台发布了简单声明："哥伦比亚广播公司敬重威斯特摩兰将军为国家所做的长期和忠诚的服务，从未打算宣称，也不相信，威斯特摩兰将军在以他认为合适的方式履行职责时是不爱国或不忠诚的。"

本案耗费了原告350万美元的诉讼费用。将军后来说，他因这笔花费收到的"本质上是道歉"。他接着有点伤感地补充道："我现在要逐渐退隐了。"法官莱文看起来对于本案未到达陪审团阶段并不感到惊讶。他说："对于历史的审判过于精细和复杂，因此无法通过一个裁断而令人满意。也许，把它留给历史本身来决断是最好的。"

黑手党委员会审判：
犯罪集团

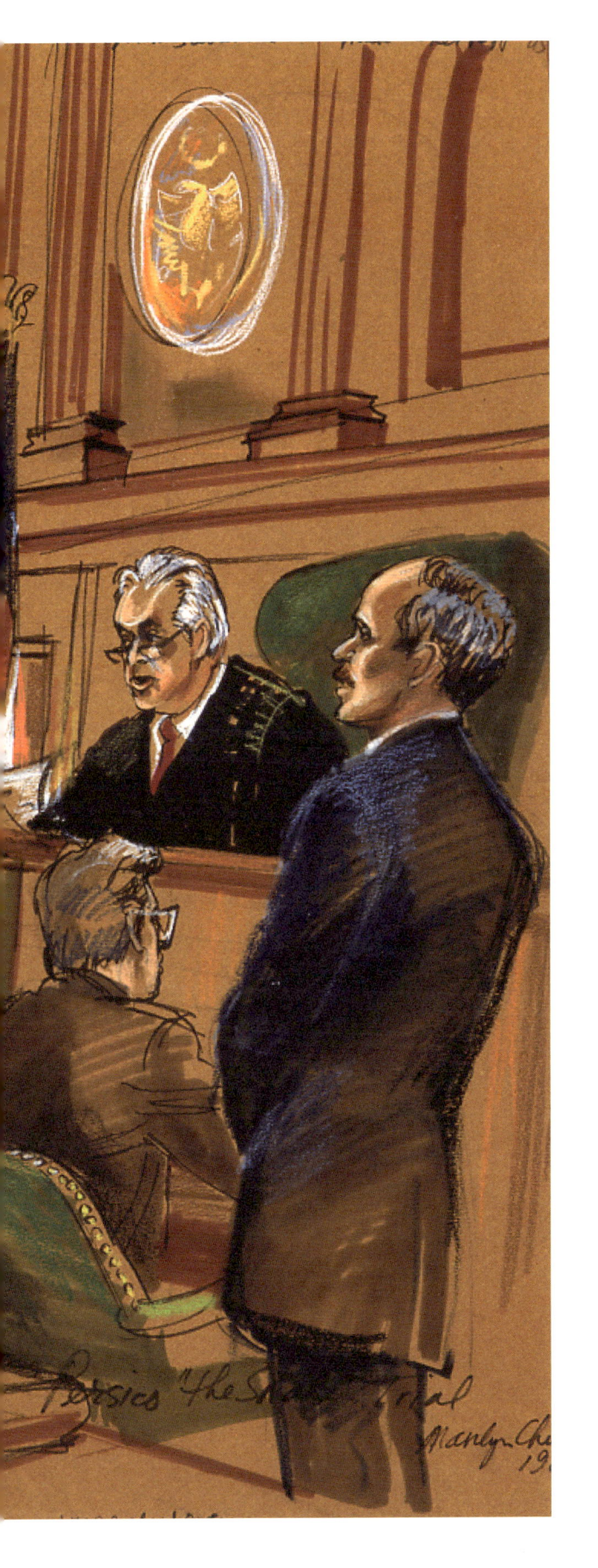

美国
诉
安东尼·萨莱诺等案

年　份：1987 年

地　点：纽约州纽约市

指　控：犯罪组织非法活动、勒索、共谋犯罪

裁　断：有罪

刑　罚：40 年到 100 年，
　　　　附加 5 万美元到 25 万美元的罚金

法　官：理查德·欧文

检察官：迈克尔·切尔托夫、约翰·萨瓦雷塞、
　　　　J. 吉尔摩·奇尔德斯

辩护律师：安东尼·卡迪纳尔、艾伯特·瓜迪利、
　　　　　弗兰克·洛佩斯、塞缪尔·道森、
　　　　　詹姆斯·拉罗沙、约翰·雅各布斯、
　　　　　罗伯特·布洛瑟纳。
　　　　　被告卡迈恩·珀西科为自己辩护，
　　　　　由斯坦利·迈耶协助

◀ 卡迈恩·"蛇"·珀西科在 1987 年的黑手党委员会审判中坚持自我辩护。他与检察官迈克尔·切尔托夫对抗，后者在 2005 年成为国土安全局局长。珀西科的法律知识和听上去组织良好的陈词使众人感到惊讶。后排，从左开始：被告萨尔瓦多·桑托洛、克里斯托弗·富尔纳里、安东尼·印第里凯托、拉尔夫·斯科普以及安东尼·"胖托尼"·萨莱诺。前排，从左开始：安东尼·"托尼鸭"·克拉洛、珀西科（站着的）、联邦助理检察官约翰·萨瓦雷塞（坐着的）、法官理查德·欧文、联邦助理检察官切尔托夫。

在公众的想象中，有组织犯罪的经典场景是一名神秘的头目坐在会议桌边，做着赌博、勒索和谋杀的决定。确认犯罪是一回事，而以公司业务的形式犯罪才是政府在 1985 年着手证明的核心。

检察官获得了起诉五个纽约传统犯罪组织家族领袖的公诉书。本案旨在将五个纽约"教父"作为一个全国性犯罪"委员会"或管理会成员一同带到辩护席上，"委员会"被联邦助理检察官迈克尔·切尔托夫称作"一个大型犯罪公司的董事会"。

作为网中最大的一条鱼，保罗·卡斯特利亚诺，甘比诺犯罪家族的头目，在庭审开始前被谋杀。另一个被告，众所周知的博南诺家族的头目菲利普·拉斯特利，已经深陷法律纠纷，以致法官命令他单独受审。即便没有上面这两位，见证那么多高级别犯罪集团成员被同时绳之以法也是极为难得的机会。总共有八名被告，包括三名有名的黑手党大佬，其中一名因为自行辩护而让公众和检察官感到震惊。

在委员会案庭审开始之时，卡迈恩·珀西科 53 岁。这名带有浓重布鲁克林口音的小个子秃顶男子，因有组织犯罪的指控而身陷囹圄，他认为自己没有什么可损失的。珀西科在庭审开始时已经入狱十五年，但某种程度上还控制着科伦坡犯罪家族。新闻媒体喜欢使用他过去的街头代号"蛇"，来表现他在早期生涯中从法律纠纷上"溜走"的能力。但这个别名看上去不再适用于他，1986 年 11 月委员会案庭审结束时更是如此。珀西科的辩护策略是承认他的黑手党身份，但坚称陪审员应被告知只是作为成员不是一种犯罪。联邦法官理查德·欧文同意这点，但犯罪活动的独立证据十分有说服力。不管怎样珀西科和他的共同被告都被定罪了。

吉诺维斯犯罪家族的头目安东尼·"胖托尼"·萨莱诺，以及卢凯塞家族的头目安东尼·"托尼鸭"·克拉洛，和"蛇"一起被定罪。安东尼·印第里凯托、克里斯托弗·富尔纳里、萨尔瓦多·桑托洛、格纳罗·兰杰拉以及拉尔夫·斯科普也被定罪。联邦检察官鲁道夫·朱利亚尼激动不已，他后来说："我们现在已经在法庭证明黑手党的存在，而且它是由一个指挥凶暴犯罪的委员会运营的。"

▲ 控告犯罪集团的错综复杂曾让法庭观众期望看到顶尖检察官和辩护律师之间的史诗级对决。这是联邦检察官鲁道夫·朱利亚尼（站在右边）展示政府在1985年对黑手党委员会案件提起的初步公诉书。传奇的罗伊·科恩（坐着的）出庭辩护，虽然庭审中的辩护由助理进行。从左开始：辩护律师詹姆斯·拉罗沙、被告保罗·"大保罗"·卡斯特利亚诺（在实际庭审开始前被谋杀）、安东尼·"胖托尼"·萨莱诺、萨尔·桑托洛、克里斯托弗·富尔纳里。司法官※迈克尔·多林格尔主审。

※ 司法官，在美国是指许多州的司法系统中的基层司法官员，职责通常包括对机动车违章案件或破坏治安的案件举行听审，签发逮捕令、搜查令，决定是否准予保释，主持刑事案件的预审，处理小额民事案件等。参见《元照英美法词典》，北京大学出版社2013年10月缩印版，第879页。

斯坦利·弗里德曼：
纽约腐败案

速写美国名案 83

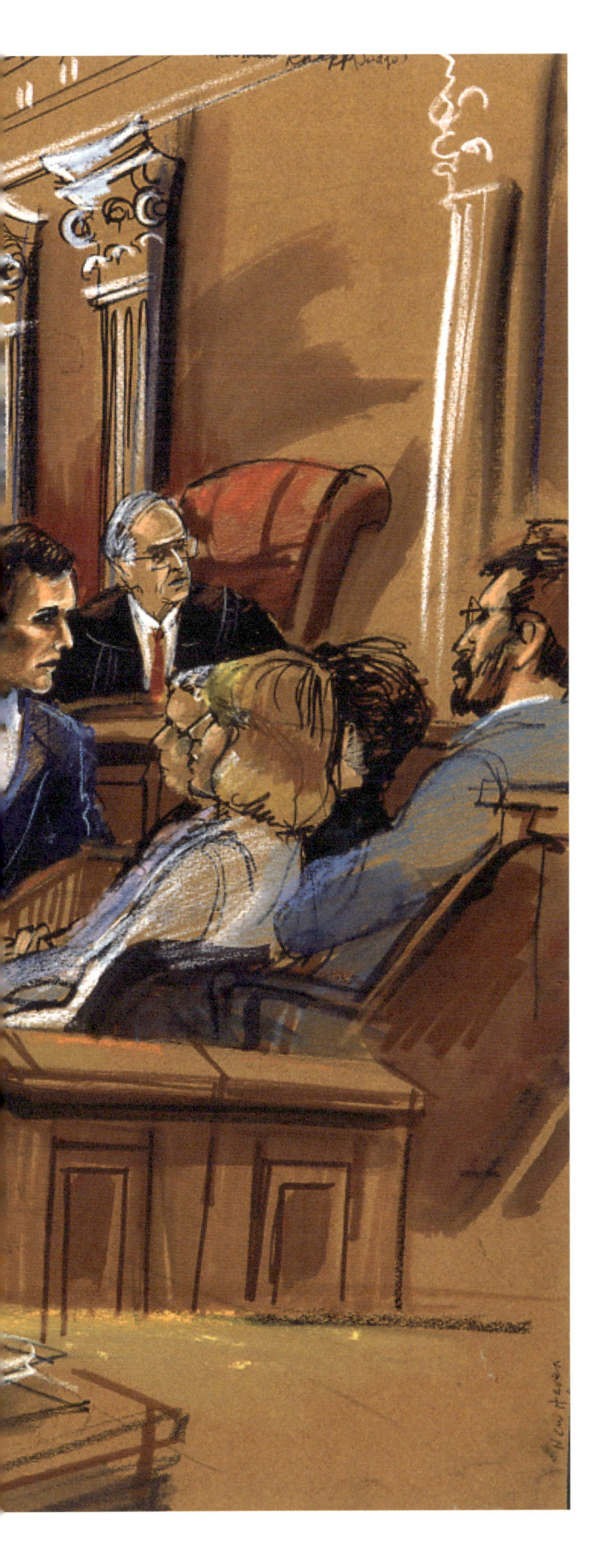

美国
诉
斯坦利·弗里德曼、麦克·拉扎尔、
莱斯特·沙夫龙、马文·卡普兰案

年　份：1986 年

地　点：康涅狄格州纽黑文

指　控：犯罪组织非法活动、
　　　　共谋犯罪、邮件诈骗

裁　断：有罪

刑　罚：3 年到 12 年不等的刑期，
　　　　附加罚款和罚金 25 万美元

法　官：惠特曼·纳普

检察官：伦道夫·朱利亚尼、
　　　　威廉·施瓦茨、大卫·佐瑙

辩护律师：托马斯·普齐奥、维克多·罗科、
　　　　　拉里·西尔弗曼、
　　　　　杰拉尔德·莱法考特

◀ 联邦检察官伦道夫·朱利亚尼在装饰华丽的纽黑文法庭向陪审团作了开庭陈述。从左开始：辩护律师托马斯·普齐奥、纽约停车局前局长莱斯特·沙夫龙、马文·伯格曼、前市政承包商马文·卡普兰、斯坦利·弗里德曼、开发商麦克·拉扎尔、朱利亚尼、法官惠特曼·纳普。

斯坦利·弗里德曼很容易受人喜爱。他彬彬有礼，风趣幽默，有时平易近人，不像是那个让检察官伦道夫·朱利亚尼审问起来极其困难的人。在1986年秋天的八周时间里，政治上野心勃勃的纽约市共和党联邦检察官朱利亚尼悄悄逼近、围追堵截，最终将这个口叼雪茄、腐败的布朗克斯民主党委员会领导定罪。这场审判改变了纽约市的政治格局，终结了这个城市最有权势的政界元老的职业生涯，也助推了这名检察官的前程，促使他后来成为市长。

弗里德曼是一个权贵。他曾是副市长，也曾是权倾一时的罗伊·科恩※的律所合伙人，他知道如何在幕后操控政府。作为政治上有权有势的布朗克斯民主党委员会的领袖，他通过政党支持来实际上任命法官和其他选举产生的官员。那个时候，在纽约管理民主党就像是管理"不败者"。共和党和无党派人员就是无法在选举中胜出。斯坦利的非官方名称很简单——他是布朗克斯民主党的"老板"。

本案主要涉及的是出于私利出售市政业务。联邦检察官揭露了回扣计划，在这个计划中，纽约市政府的多个部门以赞助和营利性的业务合同换取私底下的金钱回扣。弗里德曼是其中一个计划的参与者，他们将违规停车局获利可观的市政合同销售出去，其中包括一个收取百万美元停车罚款的合同，以及另一个策划购买设计可疑的手持计算器、以供城市停车局使用的合同。检方称弗里德曼与皇后区区长唐纳德·马内斯分赃，后者在上个冬天用菜刀刺向胸口自杀，不然他将是主要被告。违规停车局的局长是弗里德曼的共同被告之一，还有两个承包商也是共同被告，但随着马内斯的死亡，弗里德曼发现作为反腐典型案例中的主要被告，自己的处境不利。

本案从曼哈顿下级法院转移到康涅狄格州纽黑文的一个联邦法院，既是为了避开弗里德曼的影响，也是为了组成一个还未接触过大量庭前公开信息的陪审团。弗里德曼的代理人是托马斯·普齐奥，他由联邦检察官转型为辩护律师，曾处理过针对美国参议员哈里森·威廉姆斯和八名国会议员提起的阿布斯卡姆贿赂案，也曾成功在克劳斯·冯·布洛的备受瞩目的谋杀案中为

※ 罗伊·科恩在约瑟夫·麦卡锡调查美国共产党时曾担任他的首席律师。

其辩护，而这起谋杀案就发生在附近的罗德岛纽波特。在普齐奥还是检察官的时候，他曾和朱利亚尼一起在位于布鲁克林的美国联邦检察官办公室工作。

两位律师的对抗被称作泰坦之战，不过两位辩护者之间的激烈辩论并未马上就在法庭上呈现。普齐奥几乎是漫不经心地开始本案的辩护，他询问证人时显得很跳跃。有时看上去就像是刚好想到一个问题。另一边，朱利亚尼总是弯腰埋头于诸多证据、筛选文件，小心地帮助证人排列着最后确定弗里德曼命运的多层证据。

普齐奥试图将他的客户在马内斯的计划中描绘成一个无辜的受骗者：一个有干劲的政客，在贿赂前守住了底线。他宣称，将弗里德曼扯进来是朱利亚尼的主要证人违规停车局

▲ 托马斯·普齐奥对抗控方的关键证人杰弗里·林德瑙尔，后者看似在他的问题下退缩了。普齐奥看上去享受交叉询问的每一分钟，他极富技巧。他看似醉心于将林德瑙尔逼入死角。

▲ 联邦检察官伦道夫·朱利亚尼在漫长的审判中设法让被告斯坦利·弗里德曼丧失信誉,他看上去一丝不苟,翻来覆去,毫不留情。

副局长杰弗里·林德瑙尔的任务。后者在马内斯自杀时,将弗里德曼作为一条替代的"大鱼"献给饥饿的联邦检察官。林德瑙尔认下了罪名,在判刑时法庭可能会酌情减轻。实际上,他是朱利亚尼在本案中的关键人物。庭审初始,普齐奥站在陪审团前,指向他那个刚刚结束开庭陈述的老朋友。"我知道指着别人很不礼貌,"他说,"但每次他(朱利亚尼)的嘴巴一动,都是在谈论杰弗里·林德瑙尔。"

朱利亚尼努力揭露弗里德曼是一个操控者，违规停车局的回扣只是又一次额外收入。"本案事关购买和出售一个公共机构。"他直白地说。他把这个机构称作"一个致力于搜刮的单位"。在法庭众人得知检察官决定播放普齐奥和一个FBI线人会面的录音时，朱利亚尼的无情表露无遗。朱利亚尼认为普齐奥可能接触到了涉密的大陪审团信息。录音并未显示有不当行为，但被激怒的普齐奥控诉朱利亚尼想陷害他。

本案由联邦地区法官惠特曼·纳普主审，这位头发灰白的法官几年前曾是著名的纳普调查委员会的主席，那是一次针对警方腐败的特殊调查。弗里德曼的共同被告还有两位前政府官员、一位提供从来没法正常使用的手持停车票计算器的公司老板。

在本案的所有复杂细节和证人中，面容微胖的林德瑙尔作证占据了庭审的大部分时间。林德瑙尔简要概括了贿赂计划的细节，将他自己的古怪背景描述为一个假冒的心理治疗师，有时候开的药方是让他的病人们和他做爱。他回忆了与已故的马内斯的相处经历，还有与弗里德曼关于回扣和谁应拿钱的谈话。他作证了整整7天，有时候在普齐奥的交叉询问下声音颤抖，但最终证明他的可信度完好。

所有被告都被陪审团定了罪。判刑前，弗里德曼回到布朗克斯挑选他的继承人。裁断后，在法庭外的台阶上，一个电视台记者举着麦克风问了个只有一个单词的问题："后悔？"弗里德曼笑了笑，模仿弗兰克·辛纳屈的歌《我的路》，讽刺地说："些许吧。"※

愤怒的法官纳普后来判这个不思悔改的布朗克斯老板在联邦监狱待12年，终身禁止他从政。弗里德曼最后设法把他的刑期降到4年，从监狱释放后，他在斯塔滕岛做着管理酒店的工作。

※ 弗兰克·辛纳屈，美国歌手，其作品 *My Way* 中有一句歌词写道："Regrets, I've had a few."（我亦有些许遗憾。）

James Ramseur Barry Slotnick BROWN

TROY CANTY   Judge Stephen Crane

速写美国名案　89

纽约州
诉
伯恩哈德·戈茨案

年　　份：1985 年

地　　点：纽约州纽约市

指　　控：谋杀未遂、企图伤害、持有武器

裁　　断：没有被定罪为谋杀未遂和企图伤害，但被定为持有武器罪

刑　　罚：1 年

法　　官：斯蒂芬·克兰

检察官：格雷戈里·韦普尔斯

辩护律师：巴里·斯洛特尼克

伯恩哈德·雨果·戈茨：地铁治安员

　　有时候，在法庭提供的有限背景中，故事的核心并不为人所知。伯尼·戈茨案就是如此。一开始，这是一个受害者复仇故事，是对 B 级电影的模仿。接着，它令人不安地影射了我们自身对都市犯罪的恐惧。最后，它既是一部关于种族和公正的道德剧，也是一个以无情讽刺为结尾的残酷故事。故事历经了 12 年多、两次审判，以及无数次将以下想法深

◀ 特洛伊·坎蒂是四个少年之一，在地铁里与伯恩哈德·戈茨交锋，他正在接受辩护律师巴里·斯洛特尼克交叉询问。从左开始：斯洛特尼克、坎蒂、法官斯蒂芬·克兰、戈茨。

植内心的企图——这个轻声细语的持枪者曾是一名英雄、一个被社会遗弃者以及自封的魔鬼。

枪击是在1984年圣诞节前的新闻淡季发生的。四个年轻黑人在曼哈顿中心区地铁被一个白人男子击倒。接着，枪击者和列车员简短地说了几句话，帮助几个受惊的路人站起来，然后消失在百老汇西街下面的黑暗隧道里。"他们想抢我的钱。"据称这个神秘的持枪者这样说。人们开始相信他是一起犯罪的受害者，是在反抗攻击者，就像是热门复仇电影《死亡之愿》中的主角查尔斯·布朗森。

四个少年都受了严重的伤，其中一个瘫痪。他们都有被捕记录，但均否认他们想抢劫那个男人。四人中的三人携带了锋利的螺丝刀，后来发现这些是他们打算用来破坏市区一家娱乐厅游戏机的工具。

报纸、杂志、谈话节目和街头巷尾都充斥着公众对本案的讨论。纽约警方和市长郭德华坚称持枪者不是英雄，但人们难以控制地将他们自己的恐惧和幻想投射在这个带着银制手枪的男人身上。那一年这个城市发生了将近9万起抢劫，这意味着每20个纽约人就有一个是直接的受害者。满是涂鸦的纽约地铁尤其令人恐惧。证人们把枪击发生前的少年攻击者们描述为吵闹和危险的。人们很容易相信持枪者只是单纯地回击。

圣诞节到来时，罪犯还未被捕获。但就在第二天，警方从一个举报者那里知道了戈茨的名字，举报者辨认出，这个从事自由职业的电子工程师正是1981年被抢劫时带着枪自我保护的人。于是，警察们知道了他的名字，12月31日下午，伯恩哈德·戈茨走进了位于150英里外的新罕布什尔州康科德警察局。这里干燥寒冷，冰雪覆盖，远离犯罪肆虐的地下曼哈顿。"纽约警方正因为地铁枪击搜捕我。"他平静地说。

在康科德的法庭听证上，戈茨同意回到纽约面对重罪指控。新罕布什尔州的检察长告诉法官，戈茨对警方的陈述包含"预谋的表示"。回到纽约，证人们告诉调查员，其中两名少年在地铁上向戈茨索要5美元。据证人们说，戈茨回答"我可以给你们每人五元"，接着就开火。在他自首前的一次录音电话中，戈茨告诉他的朋友，恐惧让他变成了"一个魔鬼"。

探员们说最开始的四枪放倒了其中三个少年。第四个少年，19岁的达雷尔·凯比没有被击倒，而在戈茨用枪指向他时他显然已经坐下，在最后一

次扣动扳机前,戈茨说:"你好像没那么坏——再来一枪。"在那些指控戈茨的人眼里,这最后一枪将戈茨从一个受惊的被害人变为一个冷血杀手。

戈茨仍然从恐惧随意犯罪的市民那里获得了大量同情,以至于曼哈顿地区检察官办公室不得不在获得谋杀未遂的公诉书前,将案子提交给了两个不同的大陪审团。在七周的庭审中,检察官格雷戈里·韦普尔斯告诉陪审员,戈茨不是有些人口中的英雄,而是一个不安的人,带着"一个黑暗的灵魂,极其可疑,头脑有些死板,有自以为是的愤怒,迷恋犯罪和他自己的解决方法"。

44个证人帮忙再现了当时的场景,证人中也包括其

▲ 1996年的民事审判中,伯恩哈德有机会向达雷尔·凯比问一些难题,这位受害者因地铁枪击而部分瘫痪。

中一个少年——詹姆斯·拉姆瑟，他在戈茨的律师巴里·斯洛特尼克的交叉询问下暴怒。戈茨本人从未作证。但陪审员们听取了扬声器里播放的他自首后和警方之间长达四小时的对话。"我的目的，"戈茨说，"是让他们受到折磨……如果我有更多子弹，我会一次又一次射击他们。"

然而，陪审团还是认为戈茨不能被定罪为谋杀未遂和企图伤害，只是将他以持有、使用未登记的手枪而定罪。他们接受了辩方的论点，认为在地铁车厢近距离看到其中一个少年眼中的"光亮"时，他突然产生了恐惧。

法官斯蒂芬·克兰判戈茨入狱6个月，罚了他5000美元的罚金，并且命令他开始心理治疗。然而戈茨不愿接受罚金和心理医师的治疗。他成功地上诉并认定判决违法，但胜利的代价是在看守所里待了更长时间。他被重新判刑，刑期一年，并且在服刑8个月后终止。戈茨在1989年9月被释放，但作为一起民事案件的被告，他又在六年半后重回法庭。

在1996年4月为期两周的庭审中，戈茨的第五发子弹的受害者，坐着轮椅的凯比提起了赔偿诉讼。6人组成的陪审团只考虑了三个半小时，就裁决给予凯比1800万美元的补偿性损害赔偿金和另外2500万美元的惩罚性损害赔偿金。戈茨在第二次审判中作证，陪审员们说他傲慢自大，在描述地铁车厢中他的"开火形式"时显得过于自信。

考虑到戈茨并不宽裕的财务状况，4300万美元的赔偿金更具有象征意义。不过，这个始于运行地铁中的讨要五美元的案件，使得戈茨最终在法庭的命令下将10%的收入都给了凯比，也是不小的讽刺。

The Art of JUSTICE　　　　　　　　　　　　　　　　　　　　　　　　速写美国名案

画家的视角

　　伯恩哈德·戈茨每天穿着同样的衣服到庭：脖子处领口微张的白色衬衫，里面露出T恤，还有蓝色的牛仔裤。我觉得他的外貌符合他无聊又避世的生活。他又高又瘦，疲惫又温和。他在地铁中的戏剧化行为与他法庭上的单调外貌形成鲜明对比。这里他在听取陪审团团长朗读裁断。从左开始：陪审团、法官斯蒂芬·克兰、戈茨、辩护律师巴里·斯洛特尼克。

马拉·汉森：
被偷去的美

◀ 即便脸上有着六英寸肉粉色伤疤，你也会明白为何马拉·汉森会成为一个模特。她有丰满的嘴唇，甚至在描述她被毁容的可怕细节时，她的眼中还闪着光芒。这里，被史蒂文·罗思雇来袭击她的人，此时就坐在几英尺之外，听取她的证词。从左开始：达雷·诺曼、法官杰弗里·阿特拉斯、史蒂文·鲍曼、汉森、地区助理检察官康尼·费尔南德斯。

纽约州

诉

史蒂文·罗思案

年　　份：1987年

地　　点：纽约州纽约市

指　　控：企图伤害（一级）

裁　　断：有罪

刑　　罚：5到15年

法　　官：杰弗里·阿特拉斯

检察官：康尼·费尔南德斯

辩护律师：乔治·迈斯纳

纽约州

诉

史蒂文·鲍曼和达雷·诺曼案

年　　份：1987年

地　　点：纽约州纽约市

指　　控：企图伤害（一级）

裁　　断：有罪

刑　　罚：5到15年

法　　官：杰弗里·阿特拉斯

检察官：康尼·费尔南德斯

辩护律师：奥尔顿·马多克斯、普卢默·洛特

史蒂文·罗思和马拉·汉森都从事着与美相关的事业。罗思是一个彩妆大师，照料着电视上、电影中和时尚界的面容。汉森是一个模特。他们最后一次相见时，罗思因为密谋毁坏汉森的美丽面容而被判入狱。

缝合汉森脸上的刀伤总共用了150针。在与罗思的一次不愉快会面后，她受到了攻击。会面是为了向罗思承租公寓而交付850美元保证金。这个得克萨斯州出生的美人已经多次拒绝与这个面容微胖的纽约人约会，这让他非常生气。她没有料到，这让他变得如此危险。

汉森和罗思在路边讲话时，两个男人靠近。之后警方说他们假装抢劫罗思，接着很快转而攻击汉森。一个将她逼至墙壁并抢劫，另一个将刀片的一角刺向她的脸，在她的美丽面庞上划过。警察很快赶到，抓住了逃离现场的几个男人。在鲜血、恐慌和疼痛中，马拉辨认出了袭击者。

史蒂文·鲍曼和达雷·诺曼很快将罗思扯进攻击事件中。27 岁的鲍曼甚至还是罗思的高中同学。检察官康尼·费尔南德斯告诉陪审员，两个男人是被雇来将汉森毁容的，目的是报复。审判中，最开始声称不认识袭击者的罗思，又说鲍曼是他的长期同性爱人，因为嫉妒而攻击汉森。罗思在第一个审判中被定罪，鲍曼和诺曼则在第二个审判中被宣告有罪。

汉森在两个案子中都作证了。鲍曼的律师，奥尔顿·马多克斯因为询问受害人在攻击中是否穿内裤以及质问她对黑人的态度（鲍曼和诺曼是黑人，罗思和汉森是白人）而激怒了她。他把她描述为一个来自得克萨斯的女孩，带着"对其他种族的畏忌和刻板印象"，"靠捕获男人"来发展事业。在汉森和她的律师公开批评法官杰弗里·阿特拉斯允许马多克斯在交叉质询时如此自由散漫后，公众情绪被进一步点燃。法官在公开庭审中回击，叫嚷着说汉森和律师迈克尔·香农是在"嘲弄"司法系统。汉森流下眼泪，最后在公众的强烈抵制下，法官也道了歉。

法官阿特拉斯给三个人都判处了最高刑期——入狱 5 到 15 年。"这是通过共谋犯罪谋划的有计划攻击。"他说。在她的袭击者被带去监狱时，汉森努力应对突然被犯罪改变的未来。"每个人都有伤痕，"有天她在法庭外面说，"只是我的显露在外。"

▲ 在她作证的某一刻，马拉·汉森走下证人席，描述她是怎样被抓住和控制的。

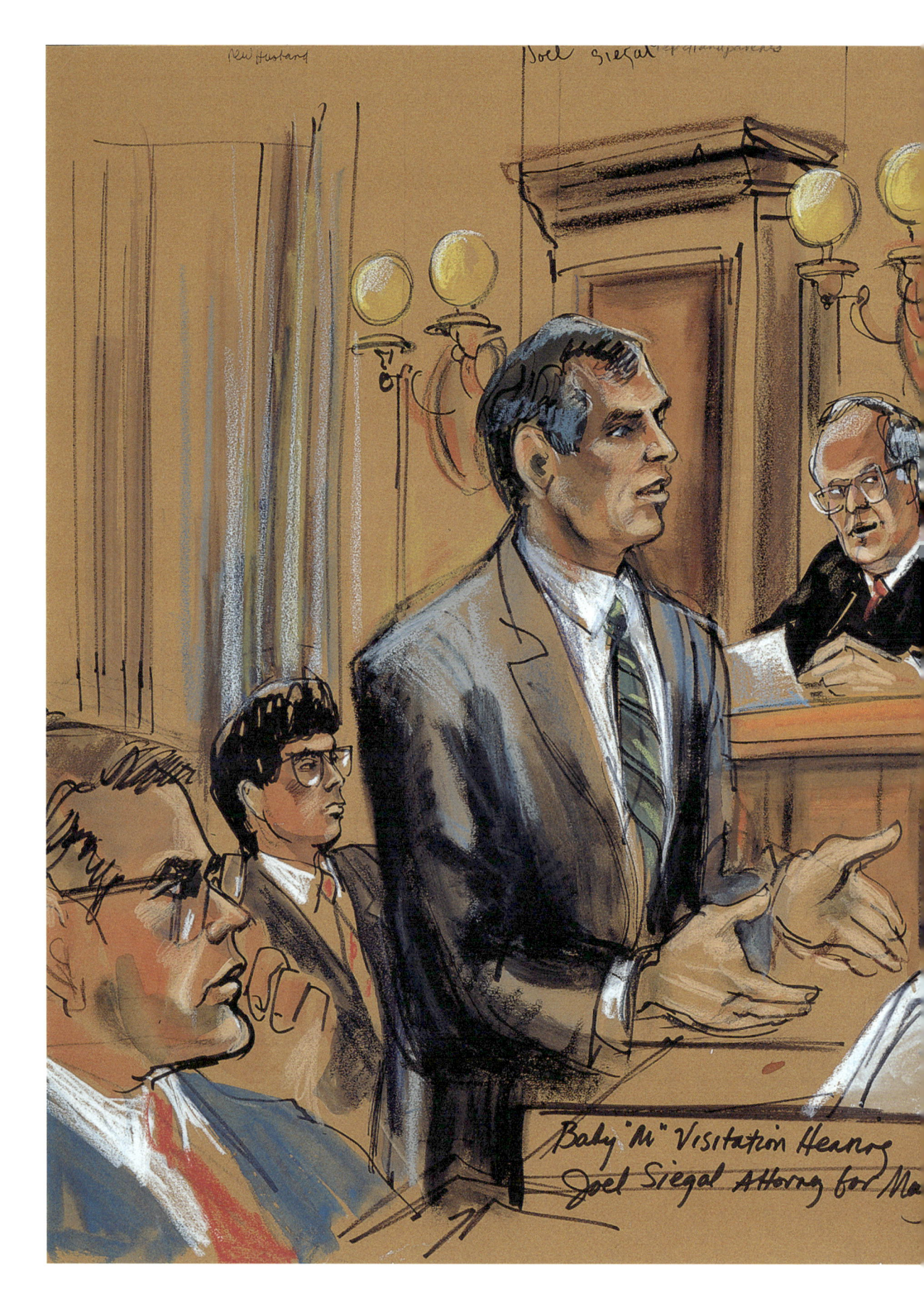

Baby "M" Visitation Hearing
Joel Siegal Attorney for Ma[...]

威廉和伊丽莎白·斯特恩
诉
玛丽·贝思·怀特黑德案

年　　份：1987 年

地　　点：新泽西州哈肯萨克

诉讼请求：子女监护、违反合同

裁　　断：确认（上诉中部分被推翻）

法　　官：哈维·索科

原告律师：加里·斯科洛夫

被告律师：哈罗德·卡西迪、

　　　　　伦道夫·沃尔夫

玛丽·贝思·怀特黑德：婴儿 M 案

　　这个婴儿改变了一切。29 岁的玛丽·贝思·怀特黑德曾经为了得到一万美元，同意为另一对夫妇生下这个女婴，但等到与婴儿告别的时刻，她却无法遵守承诺。威廉和伊丽莎白·斯特恩担心怀孕会加重伊丽莎白的轻度多发性硬化症，因而雇用了她。怀特黑德是一名来自新泽西的家庭主妇，也

◀ 即使她的母亲权利被新泽西最高法院确认，玛丽·贝思·怀特黑德仍然要求申请探视权。这里，孩子的祖父母的律师在质问已经再婚和再次怀孕的怀特黑德。从左开始：威廉·斯特恩、迪安·古尔德（怀特黑德的现任丈夫）、律师乔尔·西格尔、法官伯奇尔·斯温、怀特黑德。

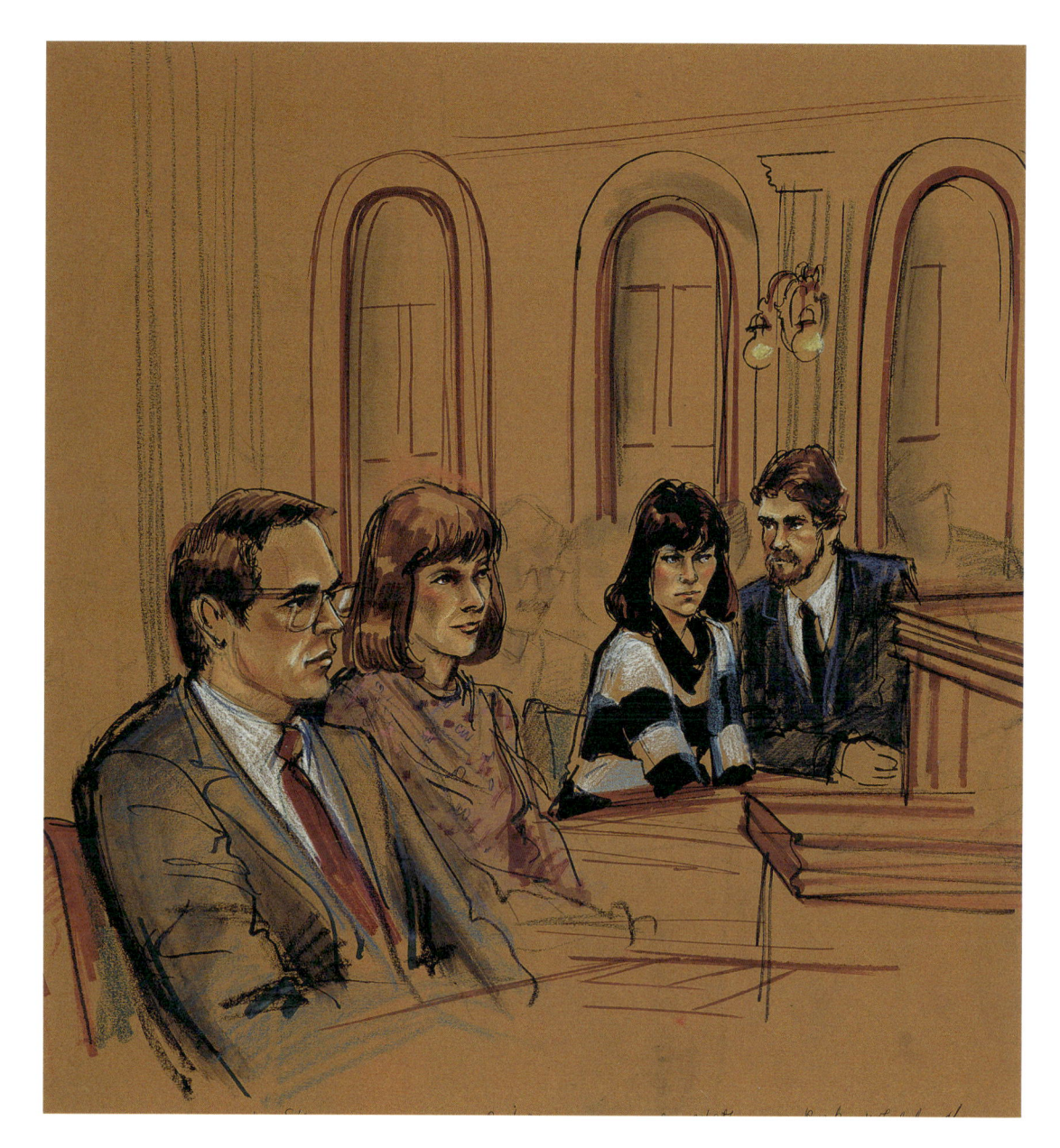

▲ 两对争夺婴儿M的父母肩并肩地坐在法庭上——斯特恩夫妇在前景，怀特黑德在后景。

是两个孩子的母亲，她通过人工授精接受了威廉·斯特恩的精子，并在1986年3月27日生下了孩子。但她拒绝报酬，而是同家人跑到了佛罗里达。当斯特恩夫妇聘请的私家侦探找到他们时，警方带走了婴儿，并且在等待审判结果时把婴儿交给了她的父亲。

婴儿M案是对合同法的考察，更是对成为母亲意味着什么的再次检视。这起标志性的案件也包含阶级斗争的元素。斯特恩夫妇是富裕的——男方是生化学家，女方则是儿科医生。怀特黑德则是绝对的蓝领。代孕的反对者们说本案强化了代孕行为的剥削性质。怀特黑德在单独陈述时进行了总结，她控诉威廉·斯特恩："他把我看作是有腿的子宫。"

家事法庭法官哈维·索科在新泽西州哈肯萨克主审了这起为期超过两月的审判。本案包含斯特恩夫妇、怀特黑德及其丈夫，以及一些专家、朋友和家庭成员的直接证词，他们分别从不同角度为这部监护权大戏作证。

显然，所有人都知道怀特黑德在生产后很快就改变了想法。在医院里，她告诉她的丈夫，她不想交出孩子，三天后，在斯特恩夫妇过来带走孩子时，她变得歇斯底里。斯特恩夫妇说，之前他们带着孩子回家，怀特黑德打电话说她想自杀，乞求和孩子多待一周。他们勉强同意了。但一周对怀特黑德而言还不够，她拒绝交还孩子。斯特恩夫妇接着去了法院，证明了威廉是孩子的父亲，并被赋予了孩子的临时依法监护权。就在那个时候，理查德·怀特黑德辞掉了保洁工人的工作，和玛丽·贝思以及包括婴儿在内的其他家庭成员一起逃到了佛罗里达。怀特黑德一家将女孩儿命名为萨拉，斯特恩夫妇则叫她梅利莎，法庭则将她称作婴儿 M。

一开始，法官索科看起来主要关注确认玛丽·贝思·怀特黑德代孕服务的法律合同。这个协议通过纽约不育中心而被正式确定下来。法官发现怀特黑德理解合同的条款，而威廉·斯特恩是在追求他"生育的宪法权利"。怀特黑德的律师哈罗德·卡西迪，主张她作为婴儿母亲的地位是不能被交易的，她的权利高于生物学上父亲的权利。"母亲等同于父亲，只是种法律拟制。"他说。

法官的考量不限于合同法，尽管他授予威廉·斯特恩对婴儿 M 的单独监护权，同时，他也质疑怀特黑德是否精神稳定。斯特恩夫妇提交了秘密录下的怀特黑德在佛罗里达时与他们的电话对话，里面她好像以她的女儿作为威胁。"我生了她，也可以带走她的生命。"录音里她说。斯特恩夫妇的律师加里·斯科洛夫主张，"为了孩子的稳定生活"不应考虑怀特黑德。法官

画家的视角

流着泪的证人很难描绘。因为人们哭泣时本能地遮住脸,而颤抖的表情和剧烈的悲痛是转瞬即逝的。在我观察她布满眼泪的扭曲的脸时,对玛丽·贝思·怀特黑德的同情影响了我。这与斯特恩夫妇脸上无动于衷的表情形成鲜明对比。他们坐在那儿,是完美的模范父母,如果严格依法行事,他们就是法官考虑"孩子的最佳利益"时想看到的一切。我从未看到哪个法官像本案中的一样,对被告表现得如此强硬、没有耐心和缺乏同情。从左开始:斯特恩夫妇、辩方律师伦道夫·沃尔夫、法官哈维·索科、怀特黑德。

索科表示同意，终止了怀特黑德的亲权，将单独监护权赋予威廉·斯特恩，允许伊丽莎白·斯特恩收养婴儿作为她自己的小孩。

这件事尘埃落定时，梅利莎·斯特恩已经将近两岁。1988年2月2日，新泽西最高法院以7比0判定代孕合同是违法的，虽然一个女性可以同意为另一对夫妻生孩子，她保留了生下孩子时改变想法的权利。"这是贩卖孩子，"法庭判决写道，"或者，至少也是销售母亲对她孩子的权利，唯一可以缓减轻的因素是其中一个购买者是父亲。"

法庭接着判定婴儿的生存状态是场直接的监护权之战，最终认为，孩子待在斯特恩夫妇更为稳定的家庭中是对她最有利的。当然，怀特黑德还是孩子的母亲，最后也和斯特恩夫妇达成了探视日程安排。首席法官罗伯特·威伦茨以一句话总结了本案的主旨："在文明社会中有些东西是无法用钱购买的。"

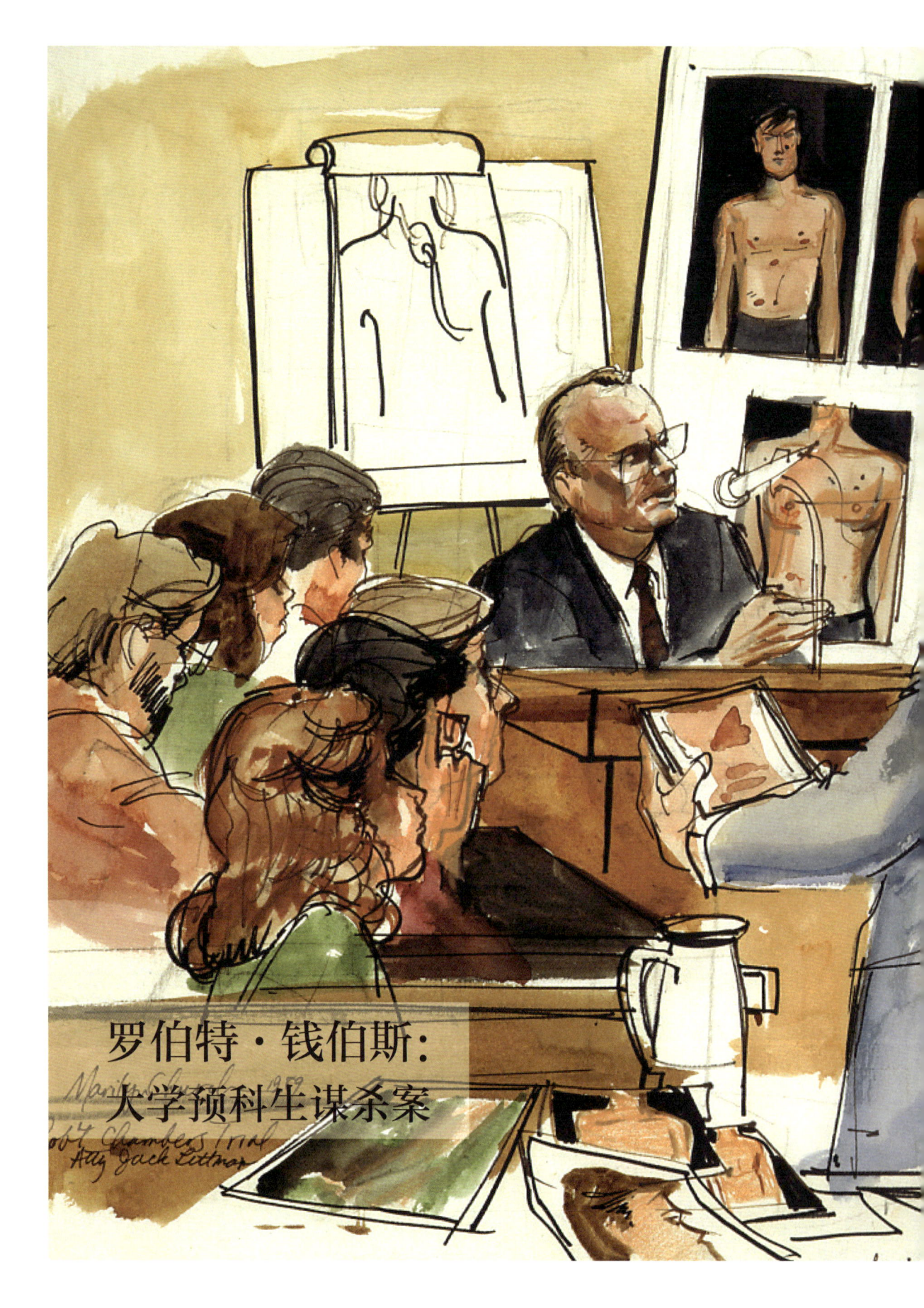

罗伯特·钱伯斯：
大学预科生谋杀案

纽约州

诉

罗伯特·钱伯斯案

年　份：1988 年

地　点：纽约州纽约市

指　控：谋杀

裁　断：非预谋杀人罪（认罪）

刑　罚：15 年

法　官：霍华德·贝尔

检察官：琳达·费尔斯坦

辩护律师：杰克·利特曼

画家的视角

辩护律师利特曼努力为他客户身体上的伤痕找到替代性的解释。罗伯特·钱伯斯的脸全程都是冷漠和无情的，看不出一点羞耻或悔恨。我尝试用水彩来表现他没有生气的表情，用苍白的肤色和在他眼周添加少量的红色笔触来捕捉他耽于酒色的神情。从左开始：陪审团、医疗专家证人、利特曼、法官霍华德·贝尔、钱伯斯。

年轻人看向法庭，没有任何情绪波动或悔恨的迹象。他就像照片上那样好看，面部几乎呈现出一种女性之美。他带着这种吸引人的面貌在少女詹妮弗·莱文被谋杀的那晚去了多里安的红色之手，一家位于上东区的酒吧。莱文正准备在去大学之前度过一段美好的时光，她选择了罗伯特·钱伯斯作为伴侣。这是一个致命的错误。

在钱伯斯作为被告步入下曼哈顿的法庭前，他的脸已经在纽约民众的电视屏幕和报纸头版展现了17个月。小报们将本案称作大学预科生谋杀案——18岁的莱文于1986年8月在中央公园被发现，身体半裸，没有生命特征，这时距离她去大学只有几天。钱伯斯是一个最近惹了麻烦的准预科毕业生，正因为吸毒和酗酒而接受护理治疗。他那曾经光明的前程变得黯淡，而他似乎正因为无法真正融入与他一起长大的优秀年轻人这一事实而饱受折磨。钱伯斯和他的母亲，一位努力工作以确保他衣着光鲜、就读好学校的护士住在一起。调查女孩在公园被谋杀的探员们很快意识到了莱文从未察觉到的事情——钱伯斯并不是他看起来的那样。

钱伯斯变成了谋杀的主要嫌疑人，因为太多人看到他在谋杀前的几个小时和莱文一起离开了酒吧。第二天警察在他母亲的公寓找到了

▲ 钱伯斯案的两个家庭坐在过道两边。有一天，史蒂文·莱文（右边）陷入愤怒，他死盯着钱伯斯的父亲。在法庭上所有人的注视下，几次紧张时刻过去后，他们的相互凝视最后被法官的到来和庭审的开始而打断。

他，他似乎是在以睡觉来消解前一天晚上的事情。探员们马上注意到了他那英俊脸庞上的划痕。他说是家里的猫抓的，但他同意去接受询问。在纽约警局古老的中央公园分局马拉松式的讯问中，他最后承认自己曾和受害者在一起，他们一起走进公园，在她死去时他也和她在一起。

然而，让媒体彻底狂乱的是他对一切如何发生的解释。他宣称，在大都会艺术博物馆后面的树林里进行的激烈性爱中，莱文伤害了他。他说因为疼痛的条件反射，他将她推开，然后意识到她没有动。接着他就慌了，并且离开了现场，在天亮后不久回去，看到警方已经开始调查。在钱伯斯看来，他是受害者。他说，是那个女孩先伤害了他。

1988年冬天，记者们挤在拥挤法庭的座位上，但所有的摄像机都被要求留在外面。然而，没有摄像机并没有抑制媒体对钱伯斯审判的兴趣。为期三个月的审判吸引了主要新闻媒体每天的报道，这对于刑事案件来说并不常见。很多注意力都集中在受害者和被告的家人，他们每天都拥入法庭，坐在走廊两边，就像是在参加一场婚礼。在一次紧张而尴尬的会面中，两个父亲，鲍勃·钱伯斯和史蒂文·莱文的目光穿过法庭死盯着对方。他们一个决定支持他的独生子，另一个则渴望公正，希望为他的独生女之死而报仇。

一部分证人帮助地区助理检察官琳达·费尔斯坦描绘出了詹妮弗·莱文被中断的生活。大学二年级生亚历山德拉·拉盖塔坐在证人席上解释道，莱文死去的那天晚上，本应睡在她家。费尔斯坦认为钱伯斯是一个无可救药的反社会者，无法对他自己的行为负责。当看到自己的酒吧老熟人作证时，钱

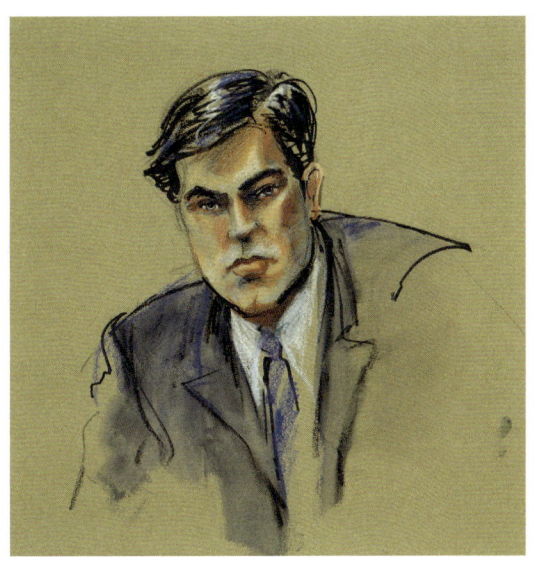

画家的视角

只有在一小部分审判中，我发现自己对受害人和被告带上了情感。罗伯特·钱伯斯深深影响了我，以至于他和受害人成为我的梦的一部分。那时候我的儿子是个少年，钱伯斯或莱文原本很可能会成为他的朋友。但我越是盯着钱伯斯好莱坞式的英俊面容，我就越多地只看到他表面下的茫然冷漠。

伯斯看上去很是焦虑，但这种情绪很快过去了。在他的律师开始询问时，他又变得冷漠而茫然。

针对受害人对钱伯斯的迷恋，辩护律师杰克·利特曼交叉询问了莱文的朋友，关于她是如何在死去的那晚找到他的，他们是怎样一起离开的。利特曼极为坚决，他私下里表示他相信他的当事人受形势所迫，是一场悲剧意外的受害人。他是一个令人生畏的法庭斗士，将钱伯斯称为"那个男孩"，拍打他的肩膀让他放心，坚持犯罪后他采取的每个行动都是因为恐慌，他无罪。最开始，这看上去是不可能的主张，直到他与控方打成平手。

3月份，陪审团拿到了案子，但九天后仍无法达成裁断。地区检察官办公室担心会导致无效审判，因此提议以一级非预谋杀人进行辩诉交易。利特曼让钱伯斯接受了交易。在令人震惊的结尾中，钱伯斯站在法官霍华德·贝尔面前，承认他在莱文死在公园的那晚意图伤害她。然而，他的话语恨是勉强，同时他补充，在他"心里"，他"不想让任何事发生"。

费尔斯坦坚持他应再次被审。"不，"她几乎是尖叫地说，"问问他和他的双手，而非他的内心。"在法官又问了一遍问题时，钱伯斯简单地说："没错，法官。"虽然他那英俊的脑袋来回摆动地就像在否认一样。15年后，他离开了监狱，他始终坚持自己不是人们想象的那个魔鬼。

▲ 钱伯斯看着助理检察官琳达·费尔斯坦询问亚历山德拉·拉盖塔关于詹妮弗·莱文在一家东区酒吧的最后时光,这家酒吧招待预科生和大学生。

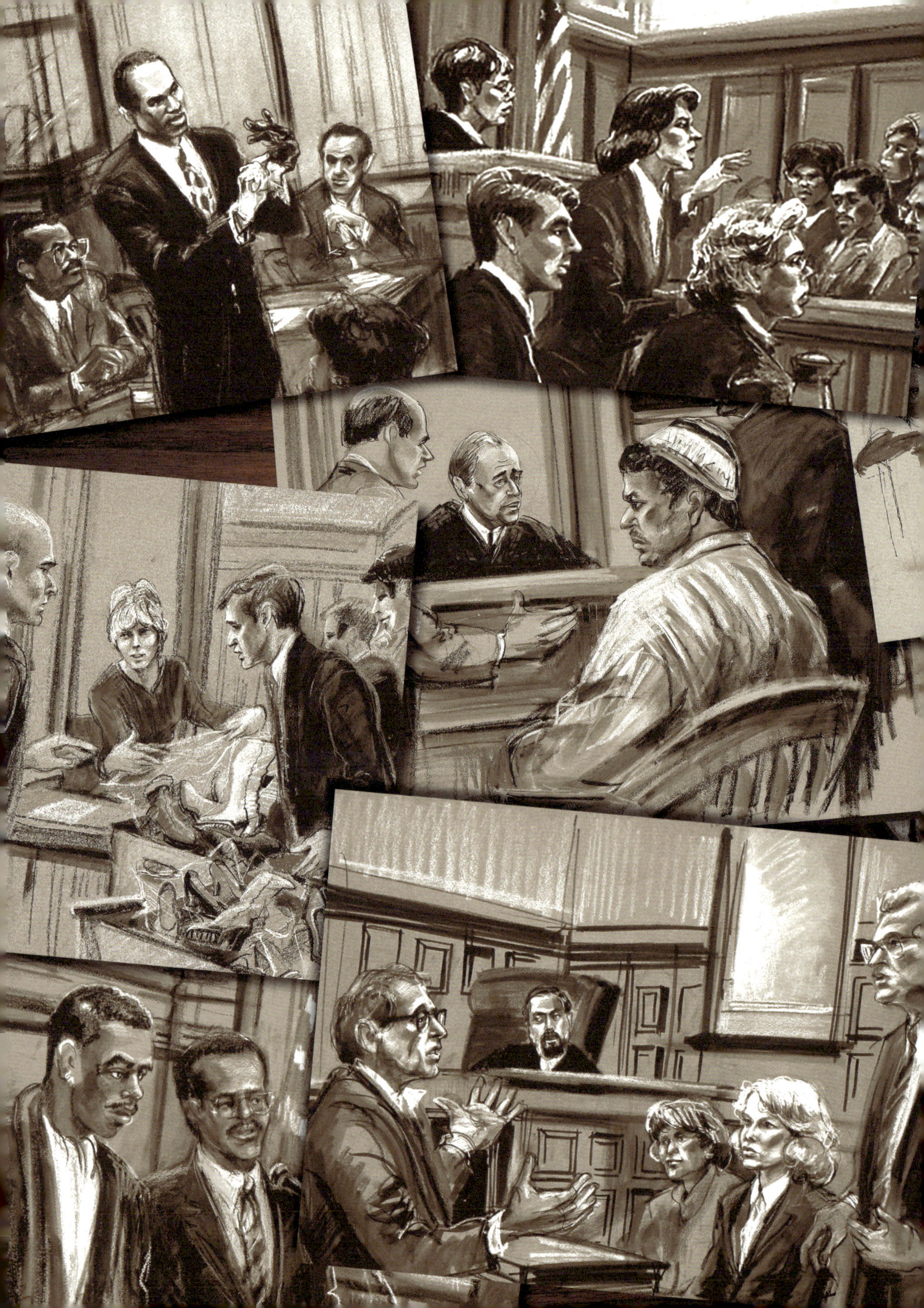

90年代以来

中央公园慢跑者案：
犯罪、种族和公正错觉

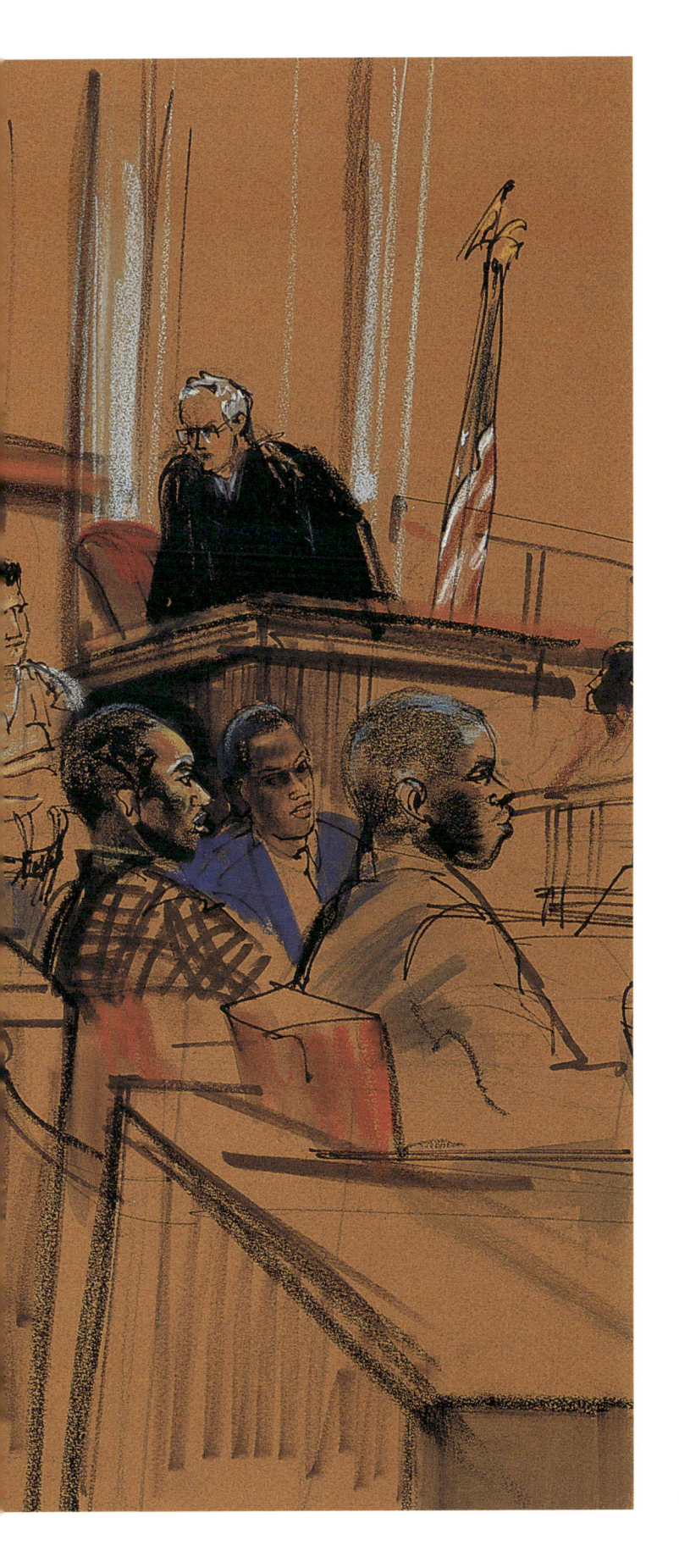

画家的视角

宣布裁断时，法庭上的观众被激怒了，他们失去了控制，举起他们用来与法官托马斯·加利根沟通的威胁性标语。法官的眼睛肿胀，在法庭充斥着叫喊时面色变白，但他从未失去冷静。法官加利根敲击他的法槌恢复秩序，并且告诉抗议者："我不会被威胁到，也不会允许不公审判的发生。"后来我们知道，他只做到了前者。

纽约州

诉

安特罗·麦克雷、尤塞夫·萨拉姆、
雷蒙德·桑塔纳案

年　份：1990 年

地　点：纽约州纽约市

指　控：谋杀未遂、强奸、反自然性行为、企图伤害、
　　　　抢劫、暴乱

裁　断：混合裁断（所有罪名在 2003 年被撤销）

刑　罚：每人 5 到 10 年（在判决撤销前全都服刑）

法　官：托马斯·加利根

检察官：伊丽莎白·莱德勒、阿瑟·克莱门茨

辩护律师：米基·约瑟夫、罗伯特·伯恩斯、
　　　　　彼得·里韦拉

纽约州

诉

凯文·理查德森和卡伊·怀斯案

年　份：1990 年

地　点：纽约州纽约市

指　控：谋杀未遂、强奸、反自然性行为、企图伤害、
　　　　抢劫、暴乱

裁　断：混合裁断（所有罪名在 2003 年被撤销）

刑　罚：理查德森：5 到 10 年；怀斯：5 到 15 年
　　　　（在判决撤销前全都服刑）

法　官：托马斯·加利根

检察官：伊丽莎白·莱德勒、阿瑟·克莱门茨

辩护律师：科林·穆尔、霍华德·迪勒

　　　　被害人是一名 28 岁的白人女性，一位来自富裕的曼哈顿上东区的投行经理。被告则全是哈林区的少数族裔少年。这起可怕的罪行，表面上看是发生在纽约中央公园的一起轮奸和谋杀未遂案件，在这里，这个城市对随机犯罪的恐惧与对种族偏见的持久疑虑相遇了。虽然检察官们录下了几个少年的认罪供述，但他们口中的故事却存在大量不一致的地方，同时所有人在庭审时都撤回了供述。然而他们随后还是被定罪了，被告们入狱时控诉他们遭到了诬陷。13 年后，新的证据出现，曼哈顿地区检察办公室不得不请求撤销那些有罪判决。

　　　　4 月的纽约是寒冷的，医生们说可能是冰冷的淤泥挽救了被

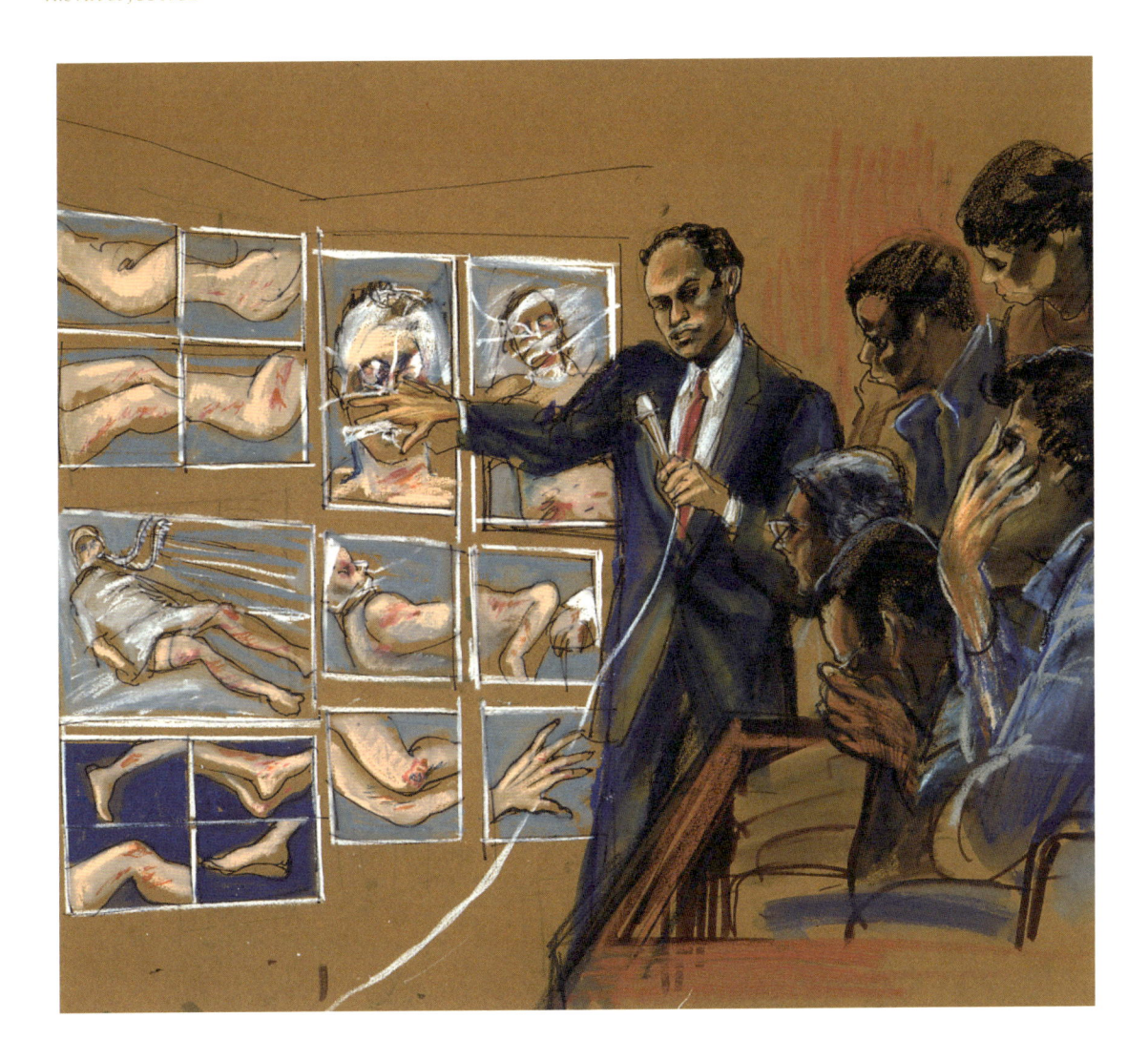

害人的性命。在曼哈顿这个著名公园北端的深沟底,警方找到了被殴打过的几乎是全裸的女性慢跑者。她遭到了严重的殴打和强奸,流失了全身四分之三的血液,血和沟谷的泥土混在一起,变成了冷敷工具,减缓了她的新陈代谢,使她得以活命。

那晚的早些时候,为处理一起可怕的城市"撒野"※,警方追捕一群穿越公园、四处抢劫的年轻人。几个慢跑者和骑行者抱怨他们遭到了棍子、水管和拳脚攻击。警方到来后,聚在一起的30多个少年四处散开,其中5个被指

▲ 显示被害人伤口的作证照片在电视上太过写实,但速写图弱化了它们的影响,也使得它们可以在晚间新闻中播出。你可以从陪审员反映中看到憎恶。

※ 专指美国城市中青少年成群结队抢劫、攻击陌生人的活动。

控非法集会和企图伤害。然而，深沟中淌血的慢跑者被发现后，这起案件变得更为严重。被拘留的五人中两人默认他们和其他几个人可能攻击了这位女性。一夜之间，带出了更多的嫌疑犯。为期一天半的审问所获得的供述录像，成了两起独立审判的关注核心。

第一起审判始于第二年即 1990 年 6 月。安特罗·麦克雷、尤塞夫·萨拉姆、雷蒙德·桑塔纳坐在被告席上，坐在他们边上的还有两个政府雇用的律师和一个以父母的微薄积蓄聘请的律师。检察官队伍由地区助理检察官伊丽莎白·莱德勒领导，她同时也是在供述录像中审问被告的人。为了弱化庭审前公众舆论的影响，12 个陪审员是从 300 人中挑选出来的。检方将案件建立在"一致行动"理论上。虽然被告们在陈述时将他们自己称作攻击中的不重要角色，仅承认他们在现场，但三个少年曾表示他们参与了更严重的犯罪。

指控的罪名包括谋杀未遂、强奸、攻击、抢劫和暴乱。最后一项罪名让检方得以将一群受害者带到陪审团面前，以描述撒野作乐的危害。一位警官作证说，一名受害者被打得十分严重，看上去像"浸在一个血桶中"。检方需要将其他野蛮攻击扯进来，因为深沟中的女性慢跑者葆拉·哈里斯不记得她身上发生了什么。其中一位治疗医生带着陪审员对慢跑者的伤情进行了检视，包括查看贴在由画架支撑的海报板上的那满是血色的照片。

将被告与攻击联系在一起的物证十分薄弱。从被害人身上和衣服上收集的液体样本的 DNA，和庭审中的任何少年或其他几个几次被认为是嫌疑犯的男性的 DNA 并不匹配。被害人紧身衣上的一点污迹指向了她的男友。事实上，法庭证据似乎显示至少有一个强奸犯逃脱了。

哈里斯被传唤作证，以说明她的慢跑路线，以及为什么她男朋友的 DNA 会出现在她的紧身衣上。她的作证并不重要，但她出现在法庭上带来的情感影响是令人瞩目的。她被一个法庭警卫小心地领到证人席，脑袋不稳定地颤动着。淡淡的伤疤在其脸上依稀可见，能看出她头骨被挤压的地方。她的双眼看上去不协调，没有完全恰当地排在一条线上。她看上去像是一个被完全撕碎然后重组的女人。当一位辩护律师说他在交叉询问中没有问题时，她疲惫地看着他并且说："谢谢。"

速写美国名案 117

画家的视角

伤口还在恢复中的葆拉·哈里斯需要帮助才能坐到证人席。为了在审判中保护她的身份,法官命令我们不得画哈里斯的形象。当她出现在法庭时,我们的工具会被拿走。这幅画是靠着记忆画出的。在一个记者的紧密监督下,我不得不在截稿日前画出三幅速写图,因此我很庆幸我不用画出准确的相似性。就在我画完片刻她那模糊的脸就展现在了电视上。哈里斯后来公开了她痛苦的经历,也让我们不用再保护她的身份。从左开始:尤塞夫·萨拉姆、法官托马斯·加利根、安特罗·麦克雷、哈里斯、法庭警卫、陪审员。

整个过程中,被告的支持者和他们的家人抗议说,这些青少年是被当作了便利的替罪羊,因为真正的攻击者逃脱了。有些人甚至开始质疑是否真的发生了强奸,播放录像带并没有消除他们的怒火。15岁的萨拉姆的亲属尤其愤怒,因为他没有供认,

画家的视角

在听到裁断时,有些男孩的母亲晕倒了。在审判中,亲属们经常劝说我将男孩们画得更令人同情。但被告们经常遮掩着他们的脸,或者即使片刻可见,他们的脸上也带着敌意。几年后,当他们被确定是清白的时候,我为我画他们的方式感到后悔。

却和另两个坦白的共同被告一起被审。萨拉姆是唯一在两场庭审中作证的被告。

最后,除了谋杀未遂,麦克雷、萨拉姆和桑塔纳在所有罪名上都被定了罪。法官托马斯·加利根判了他们5到10年的监禁,在少年管教所服刑。原因是,他说,这些"没头脑的抢劫者"将"中央公园这片绿洲变为了酷刑室"。

到了第二场审判,本将消逝的情绪沸腾起来。凯文·理查德森和卡伊·怀斯是共同被告。怀斯在莱德勒的公开陈述中爆发了,称她骗子并且大叫:"我受不了了。"但陪审员们随后听到了他在录像带中的声音,描述慢跑者在被残忍地殴打和轮奸后是如何被抛下的,尽管他强调自己不是核心参与者。"这是我第一次强奸,"他说,"也会是最后一次。"

宣布裁断时,法庭内全是愤怒的尖叫。理查德森的母亲在得知她的儿子是唯一被定罪为谋杀未遂的人时晕倒,不得不被抬出了法庭。怀斯在大部分严重罪名指控上都没有被定罪,但作为年纪最大的被告,他因为暴乱、攻击和性侵犯获得了最长的刑期。

2002年,所有被告都已服刑。直到马蒂亚斯·雷耶斯——一个连环作案的强奸犯坦白自己是慢跑者的攻击者,且坚称他是唯一的作案者时,被告们被予以释放。DNA检测确认了他就是1989年那次审判中逃脱的强奸犯,而他所说的犯罪现场细节让曼哈顿地区检察官安东尼·罗伯特·摩根索相信其所说的是真相。法官查尔斯·特哈达撤销了十年前定下的残酷罪名,并说:"检察官的职责是追寻正义,而不仅仅是定罪。"五名前被告的律师则对警方提起了民事诉讼。

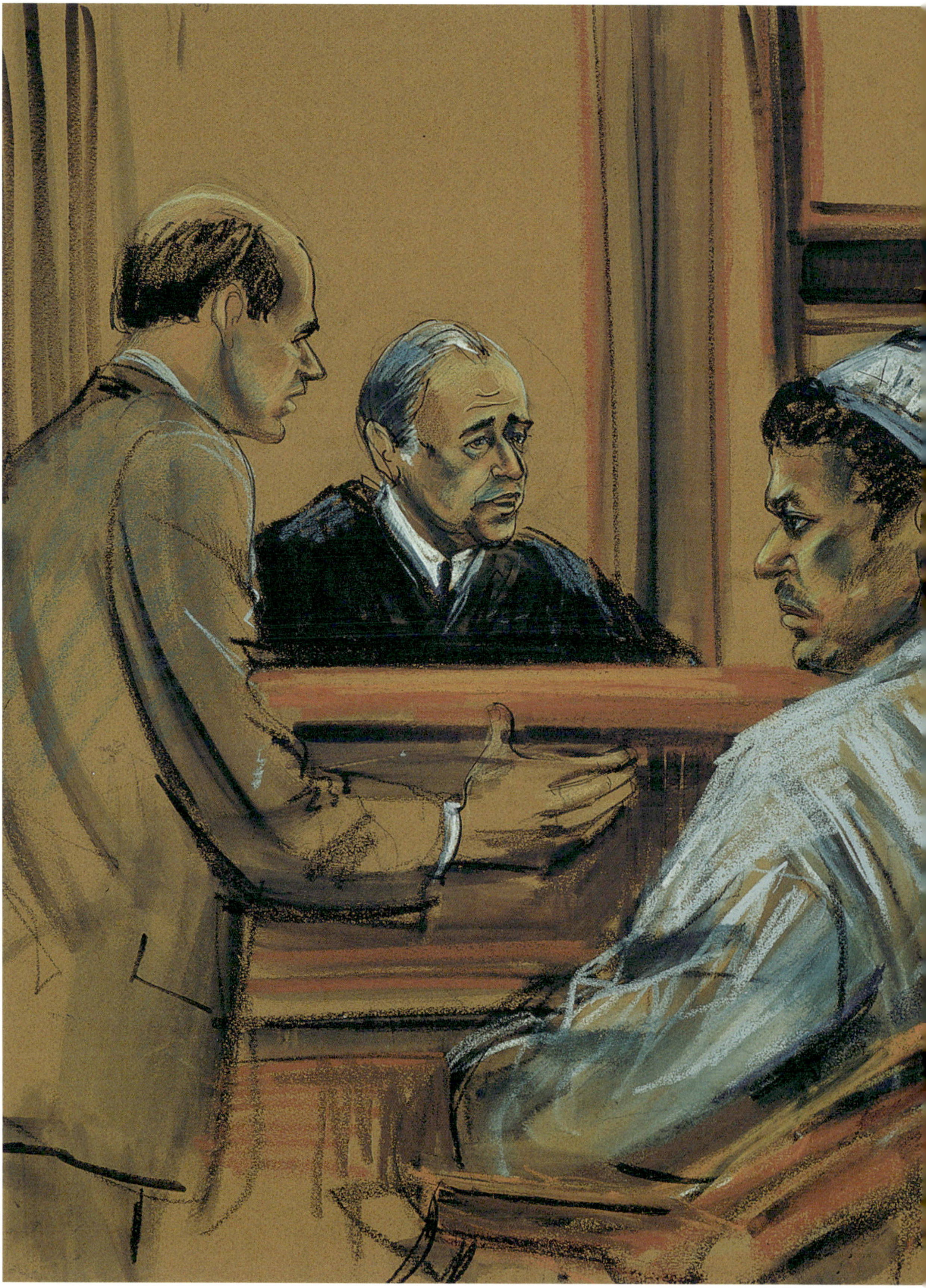

纽约州
诉
埃尔·塞伊德·诺塞尔案

年　份：1991 年

地　点：纽约州纽约市

指　控：谋杀、企图伤害、持有武器罪、谋杀警员未遂罪

裁　断：混合裁断

刑　罚：7 年半到 22 年

法　官：阿尔文·施莱辛格

检察官：威廉·戈林鲍姆

辩护律师：威廉·孔斯特勒、迈克尔·沃伦

埃尔·塞伊德·诺塞尔：刺杀卡哈尼

　　本案最开始是一个典型而精彩的纽约罪案，混杂着国际阴谋和少许政治冲突的元素：来自新泽西的生于埃及的移民，枪杀了一位生于布鲁克林曾为拉比※的反阿拉伯鼓动者。故事里有冒着烟的枪，有因为后续射击受伤的嫌疑犯，以及如阿以土地冲突般古老的推测动机。对警方、地区检察官办公室和媒体而言，案件的大致内容显而易见。这是海外冲突的

◀ 从左开始：地区助理检察官威廉·戈林鲍姆、法官阿尔文·施莱辛格、埃尔·塞伊德·诺塞尔、辩护律师迈克尔·沃伦。

※ 有时写作辣彼，犹太教中熟习律法、执行教规、支持宗教仪式等的特别阶层，是智者的象征。

反常影响,有点像外交官偶然被杀或联合国被极端分子攻击。人们当然会好奇,但这本质上是他人的事。本案或许是对美国活跃的恐怖组织的一次警告,其某种程度上隐藏于地下。而这样一个稳操胜券的谋杀定罪在调查和审判过程中却变成了更为复杂的交易,几乎让所有人大跌眼镜。

因为看上去与活动极其相融,埃尔·塞伊德·诺塞尔得以进入在万豪酒店召开的犹太复国主义紧急救援行动集会。在1990年11月5日的这场集会中,他被当成一个塞法迪犹太人。实际上,他是一个虔诚的穆斯林,是一位丈夫也是三个幼儿的父亲,九年前搬到美国。被捕时,他是个空调修理工,他工作的那栋楼,也是他因为梅尔·卡哈尼谋杀案受审的刑事法庭所在的那一栋。

证人阿里·戈特斯曼在枪击发生时离拉比很近,他作证说他转身看到一个黑皮肤、黑头发的男人拿着一把银制手枪指着卡哈尼的方向。他不能明确辨认出诺塞尔,虽然50多个证人作证描述了刺杀后的血腥和混乱,但无人能断言确切地看到了枪击的发生。

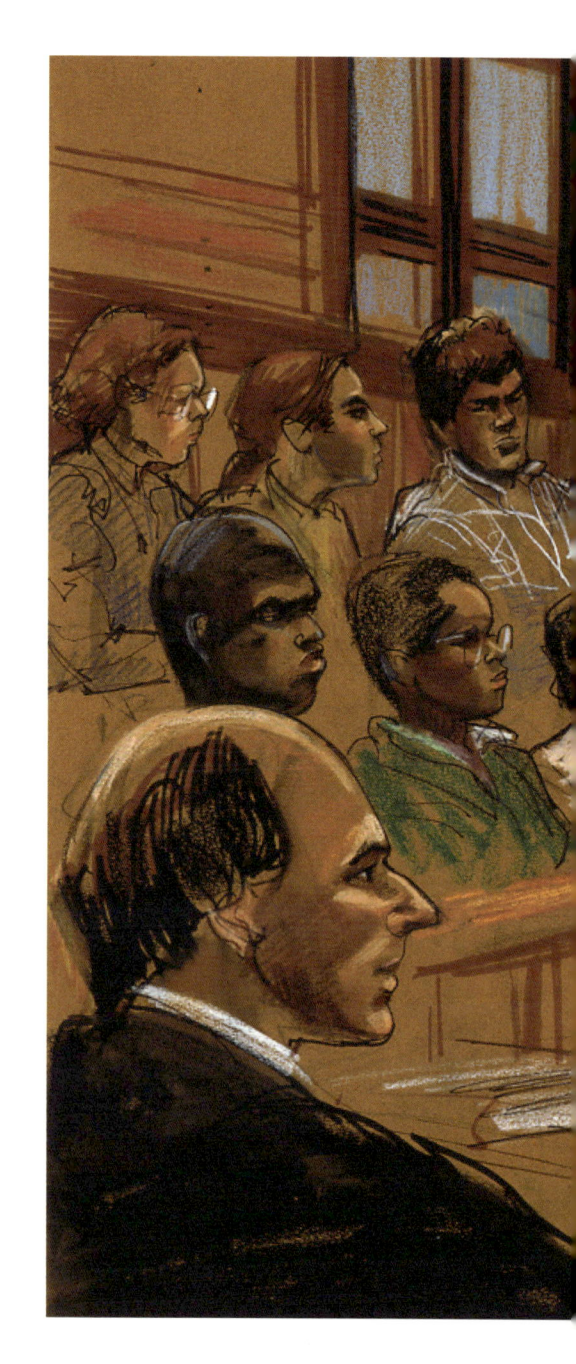

在埃尔·塞伊德·诺塞尔的庭审现场,空气里弥漫着愤怒。被告有支持者,同时一大拨直言不讳的虔诚犹太人每天也会出现,

The Art of JUSTICE　　　　　　　　　　　　　　　　　　　　　　　　速写美国名案　123

_____画家的视角

想为梅尔卡哈尼之死复仇。我努力专注于工作，但坐在那儿让人恐惧，几乎像是身处战火中。从左开始：地区助理检察官威廉·戈林鲍姆、陪审团、法官阿尔文·施莱辛格、诺塞尔（身着白衣，以及其旁模糊的辩护律师威廉·孔斯特勒）、辩护律师迈克尔·沃伦。

卡哈尼有很多敌人。这位激进的犹太防卫联盟创始人和以色列前议会成员在将阿拉伯人驱逐出圣地的观点上极为偏激，以至于以色列因为他公开的种族主义而禁止其担任公职。他所引领的群体性情不定，在他死后，他们几乎要为由谁来领导祈祷会的问题打起来。枪击发生时，房内有被害的拉比自己请的保安，他们中至少有一个人被来到现场的警员描述为挥舞着手枪，要求急救医务人员赶紧救助垂死的受害人。

但将诺塞尔认定为凶手并未花费太多力气。他被指认带着357鲁格手枪跑向出口，并在门口撞见一个年长的志愿者，跑出去时还开枪打中了老人的腿。庭审中，73岁的欧文·富兰克林向陪审员展示了他的伤口，他脱下裤子露出伤疤，穿着泳裤来遮住隐私部位。

在庭审期间，诺塞尔的支持者常在街上和卡哈尼方起冲突。有人还叫喊着"犹太人去死"。几乎所有庭审相关人员都收到了某种死亡威胁，正如犯罪现场的混乱在本案中的延续。即使是律师也被牵扯其中。在作证的第一天，地区助理检察官威廉·戈林鲍姆和辩护律师迈克尔·沃伦因为被辱骂向法官投诉，法官便安排他们离开法庭。

在刺杀发生那晚，诺塞尔逃离了喧闹的枪杀现场，乘坐电梯或者走楼梯到达了一层。他漫步穿过装饰华丽的大堂，在繁忙的莱辛顿大街通过以枪威胁的方式叫了出租车。出租车司机弗兰克·加西亚告诉陪审团，诺塞尔用枪指着他的脖子后面。加西亚说他十分害怕以至于尿了裤子。但在离酒店一个街区的地方，车被堵在晚高峰车流中，诺塞尔于是离开了出租车。当他遇到配枪邮政官员卡洛斯·阿科斯塔时，他的逃亡最终失败。诺塞尔和阿科斯塔交火，阿科斯塔的防弹背心被击中，诺塞尔则因被击中下巴而倒下。诺塞尔很快他被警方逮捕，手枪就躺在他身旁。庭审中，阿科斯塔迫不及待地指证诺塞尔就是击中他的人。

庭审过程中，诺塞尔在法庭上戴着一顶穆斯林无檐小圆帽，穿着件防弹背心般的白色长袍，他还会坐在被告席上阅读阿拉伯语《古兰经》。他的律师团队由传奇的左翼律师威廉·孔斯特勒领导，他们尽最大的努力，利用紧张的情绪氛围，为本案中的合理怀疑打开窗口。但他们被法官施莱辛格一次次否决或打断。在开场陈述中，孔斯特勒承诺会证明卡哈尼组织中的对手因为钱财纠纷而杀了他。没有任何证据支持这个主张，但怀疑的种子可能已经种下。

因为遗孀的坚持，卡哈尼的尸体未经任何尸检就按照犹太律法下葬了。弹道专家在庭审中证明了现场找到的子弹碎片与诺塞尔的手枪相配。但没有任何医学证据将武器、子弹，或巨大的颈部伤口与卡哈尼的死亡联系在一起。本案中充斥着怀疑和妄想，在这种氛围中，对有些人而言，最初看上去明显的东西值得再次商榷。诺塞尔谋杀罪名不成立，但因持有凶器和在逃亡中攻击他人而被定罪。

在奇特的纽约法律下，诺塞尔同样也未在谋杀警官未遂罪名上被定罪，因为阿科斯塔的身份是联邦邮政雇员。为了给诺塞尔定罪，法官判决，陪审员应该没有合理怀疑地相信，诺塞尔在开火时意识到自己在枪击一位纽约警官。

裁断后，这个看上去自相矛盾的结论让双方支持者几乎打起来。为了庭外的安全，不得不动用额外警力。诺塞尔被带到了雷克岛，等待对持有枪支和企图伤害指控的审判。在1993年的世界贸易中心爆炸发生过后，他最终被转移到联邦监狱，与另外十三个涉嫌谋划引爆其他纽约地标建筑的阿拉伯人一同受审（见本书第144页）。

约翰·戈蒂：
"不败先生"的倒下

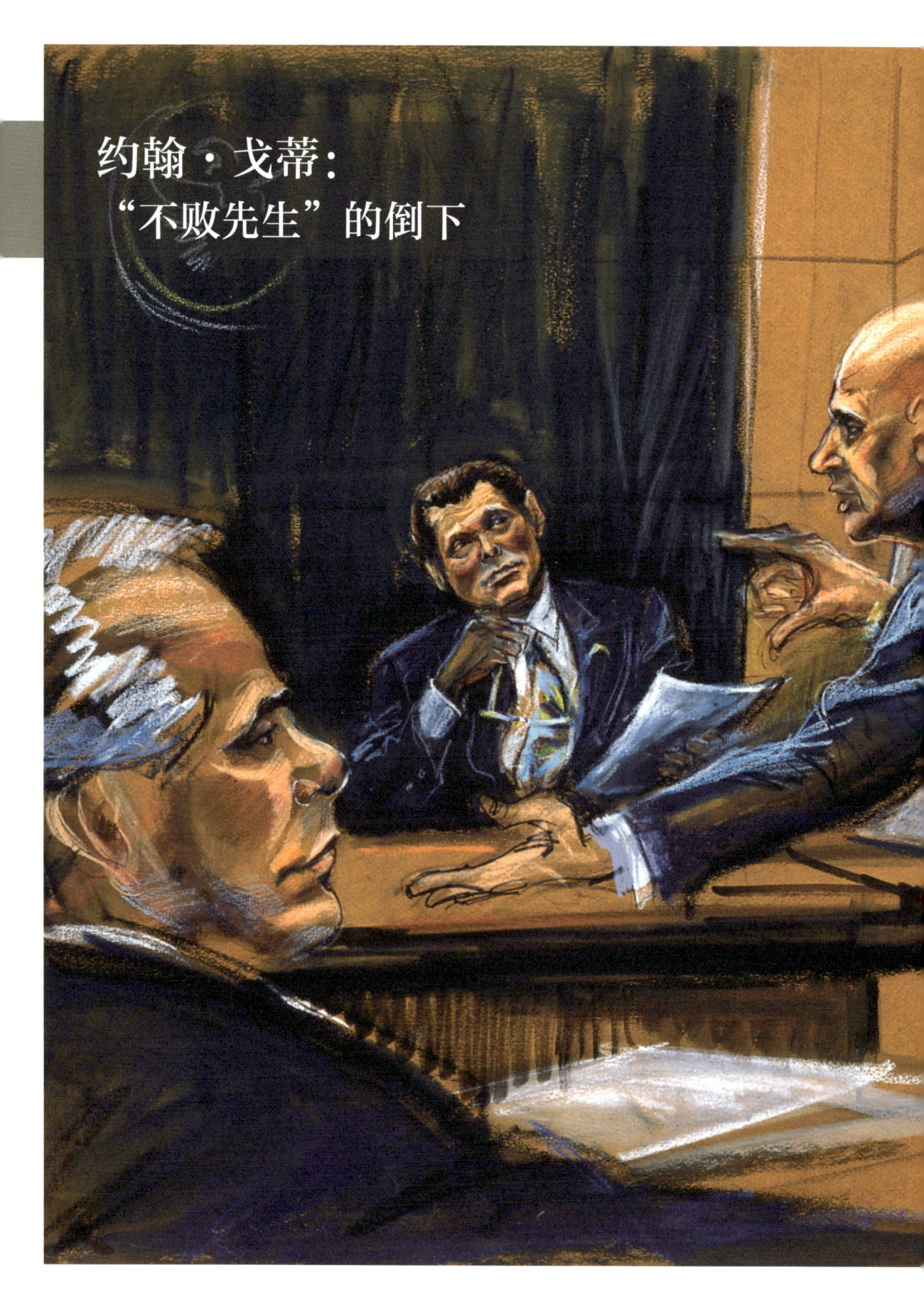

速写美国名案　127

美国

诉

约翰·戈蒂、弗兰克·卢卡西奥案

年　份：	1992 年
地　点：	纽约市布鲁克林
指　控：	谋杀、共谋犯罪、阻碍审判、贿赂、犯罪组织非法活动、欺诈逃税
裁　断：	有罪
刑　罚：	终身监禁
法　官：	I. 利奥·格拉瑟
检察官：	约翰·格利森
辩护律师：	艾伯特·克里格、安东尼·卡迪纳尔、约翰·米切尔

画家的视角

萨尔瓦托·"公牛萨米"·格拉瓦诺在描述他作为帮派成员参与的 19 起谋杀时，脸上的表情坚如磐石。在作证过程中，约翰·戈蒂的眼睛就像是要瞪出来一样。他的脸上带着趾高气扬的笑，似乎是打算表现出自信和力量，尽管随着格拉瓦诺的作证，他的力量慢慢消失。从左开始：戈蒂、格拉瓦诺、辩护律师艾伯特·克里格。

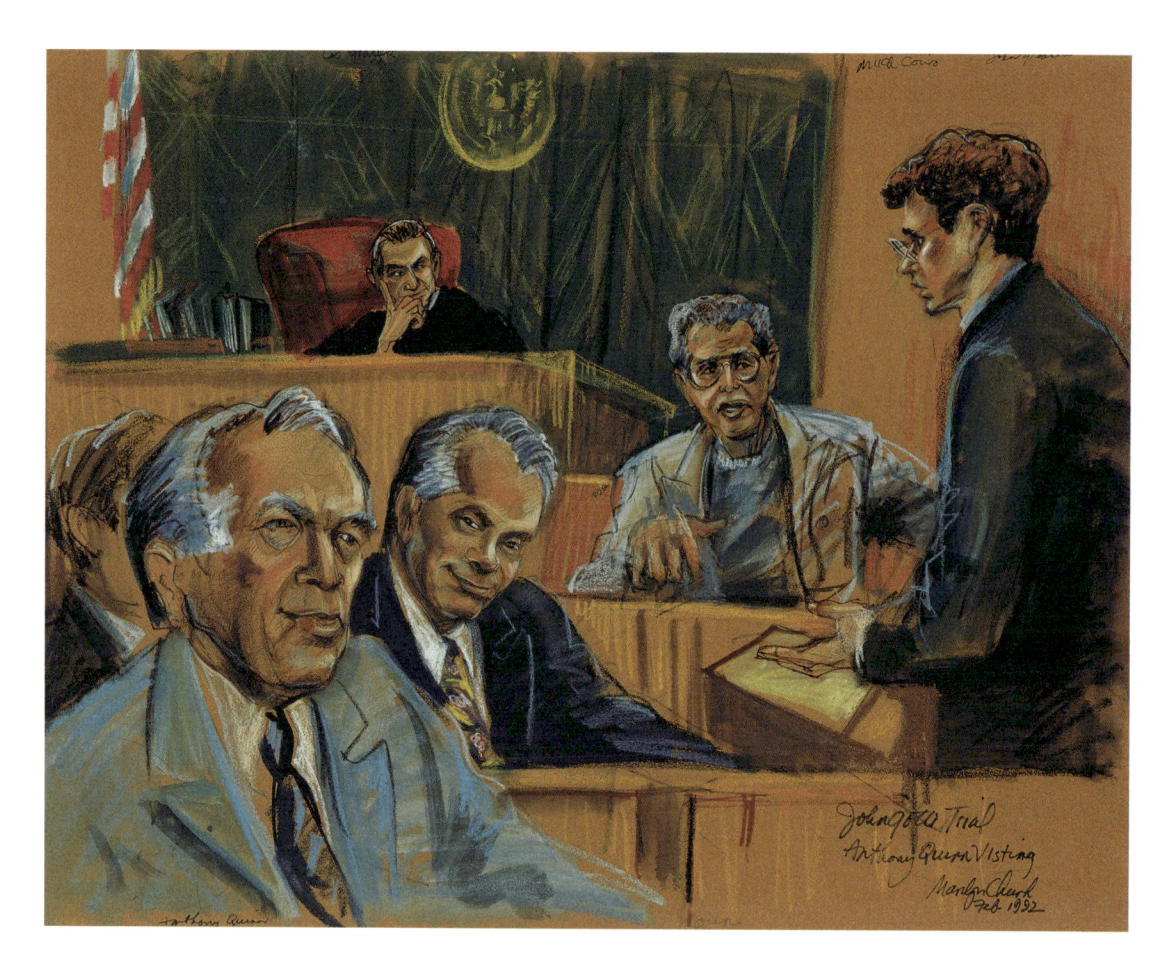

▲ 电影界的传奇安东尼·奎恩来到法庭、坐在旁听者边上引起了一阵骚动。他告诉记者，他是来支持战无不胜的帮派老板的。"没有什么比朋友的背叛更糟糕了，"他说，"我成长的邻里环境和约翰·戈蒂的很像。最糟糕的就是成为告密者。"普遍认为，奎恩是为了一部即将上映的电影，间接探听据称被戈蒂谋杀的前老板——"大保罗"卡斯特利亚诺的信息。前排，从左开始：奎恩、戈蒂、证人迈克尔·考维奥、联邦助理检察官约翰·格利森。后排：主审法官I.利奥·格拉瑟。

这是联邦检察官第四次尝试将自信而高调的甘比诺犯罪家族的首领关进监狱。各种小报一开始因为约翰·戈蒂在法庭上的优雅着装而将他封为"衣冠楚楚先生"，接着，在他连续逃脱严重刑事指控后，又称其为"不败先生"。然而，在被隔离的匿名陪审团听取了一系列显示他有罪的窃听器录音之后，一切都改变了。窃听器里是这个犯罪头目与其属下的谈话。这项致命证据得到了戈蒂的得力助手和既定继任者的毁灭性直接证词的支持。联邦助理检察官约翰·格利森曾三次眼睁睁地看着不败先生逃脱,他告诉陪审员,这次戈蒂面临的案子是"绝对致命"的。陪审团同意这点。1992 年 4 月 2 日,不败先生倒下了。

这些录音是在曼哈顿小意大利的一栋楼内部及周边录下的,那栋楼是"Ravenite 社交俱乐部"的大本营。戈蒂将那里当作总部,作为皇后区霍华德海滩比尔根渔猎俱乐部的补充,后者是他那个团伙原来常去的地方。显然,他认为 Ravenite 很安全,但"纽约有组织罪案特别工作小组"塞进了几个掩藏得很好的窃听器。戈蒂的言谈,被隐藏的麦克风记录了下来,遭到 FBI 特工长达数百小时的监控。这些言谈都成了攻击戈蒂的武器。

在对抗辩护时,这些录音的书面记录在庭审中展示,虽然法官 I. 利奥·格拉瑟告诉陪审员,他们听到的是证据,而他们读到的仅仅是指引。录音通过法庭的广播而放大,但陪审员通过夹在耳朵上的黑色头戴式耳机听到的是时而嘈杂的录音。"每次我们碰到不同意我们的伙伴时,我们就杀了他们,"戈蒂,犯罪家族的船长,或者说是"头头",似乎在一个录音中这样说道,"你去老板那儿,你的老板杀了他。他杀了他。他搞定了。"

但是,最后似乎是老板自己需要被杀。检方声称,戈蒂担心甘比诺犯罪家族的老板,保罗·卡斯特利亚诺,已经发现戈蒂和他的人违反老人的禁令贩卖毒品。在录音中,戈蒂称呼卡斯特利亚诺为"黄狗""老鼠",检方认为这是他谋杀的序曲。"大保罗"卡斯特利亚诺在 1985 年 12 月 16 日的枪林弹雨中死去,同时死去的还有他的保安,当时两人正准备去曼哈顿市中心的一家牛排店吃饭。在那以后,戈蒂成了甘比诺犯罪家族的头目。

录音是有力的证据,但检方也曾在形势有利的案件中眼看着戈蒂逃脱。这次他们想要的更多。最开始,三个男人被指控为共同被告:戈蒂、弗兰克·"弗兰奇·洛克"·卢卡西奥以及萨尔瓦托·"公牛萨米"·格拉瓦诺。三人的声音都曾在 Ravenite 的录音中出现。但公牛萨米是三人中唯一认为在联邦案件中负隅顽抗是无用的。检察官们以可能性假释和证人保护项目中的性命保护作为对价,格拉瓦诺同意合作,他成了为检方作证的最高级别的黑手党成员。

画家的视角

约翰·戈蒂的公众形象对他而言十分重要。他知道报道庭审的每一个记者包括画家的姓名。有一天,在我画他并且时不时拿着望远镜看他时,我注意到他朝着我的方向打手势。我推测他是为了吸引坐在我后面的CBS记者的注意力。我指着她,他示意"不是"。接着我动了动嘴指着自己:"我?"他点点头:"是的。"他指着自己的下巴和脖子,用手指示意表示"不要"。一开始我有点困惑,这是威胁吗?接着我逐渐明白,他是在说:"别再把我的脖子画得那么粗了。我看着你呢。"我惊讶于一个面临终身监禁的男人还执着于法庭速写中的形象。从左开始:戈蒂、萨尔瓦托·"公牛萨米"·格拉瓦诺、辩护律师艾伯特·克里格。

"约翰动口,我动手。"这是公牛萨米的世界。他是一个嗓音低沉、脖子粗壮的冷酷杀手,格拉瓦诺作证指控他的前老板,不仅为陪审员听到的录音带中的事情作证,还详细描述了戈蒂的谋杀准则的细节。他坦白参与过不少于19次的犯罪集团刺杀。他描述了谋杀卡斯特利亚诺的细节,当时戈蒂就坐在附近的一辆车中,事后还经过尸体以确保刺杀已"搞定"。格拉瓦诺甚至描述了在戈蒂先前的案件中,以贿赂搞定了一个陪审团。当戈蒂被录下的声音通过法庭广播播出,宣布格拉瓦诺为他的继承人时,场面十分讽刺。"如果我死了,"他说,"这个家族应该由萨米来领导。"甚至是戈蒂自己都笑了。

审判持续了十周,辩方在交叉询问中积极地设法损坏"公牛萨米"的信誉,但除此之外,整个审判几乎都是检方在主导。辩方声称格拉瓦诺是个得到允许逃脱谋杀指控的骗子。检方则争锋相对,声称他参与犯罪只会增加他的可信度。检方总共传唤了38个证人。辩方则只传唤了一个证人,是一个会计,他告诉陪审团他曾告诉戈蒂,不上交联邦所得税申报表是合法的。庭审中的某一刻,观众席上出现了名人,似乎是来支持这位战无不胜的先生的。电影界的传奇人物安东尼·奎恩在某天作证时坐在下面,衣冠楚楚的被告人向他点头示意并微笑。

陪审员受到严格监视,庭审期间其中三个被替换。经检方要求,一位女性陪审员在审议开始前被换走。然而,最后只花了13小时的审议时间,戈蒂和卢卡西奥就被定罪为谋杀、共谋犯罪和有组织犯罪。卢卡西奥在非法赌博这项罪名上逃脱,但戈蒂坐实了所有罪名。

"不用担心,还没完。"这位先生对他那些目瞪口呆的支持者说。但的确都结束了。2002年,戈蒂因为咽喉癌在密苏里州斯普林菲尔德的联邦监狱医院去世。就个人而言,从幕后老板转变为告密者的格拉瓦诺应为19起刺杀负责,因为和检方的交易,他仅在监狱里待了五年。

◀ 每天早上约翰·戈蒂走进法庭,都像是皇帝驾到。他头顶着吹过造型的头发,身着价值2000美元的西服。一位坐在前排的"家族"成员会敲打法庭座椅的把手,接着全部黑帮成员都会站起来鼓掌。

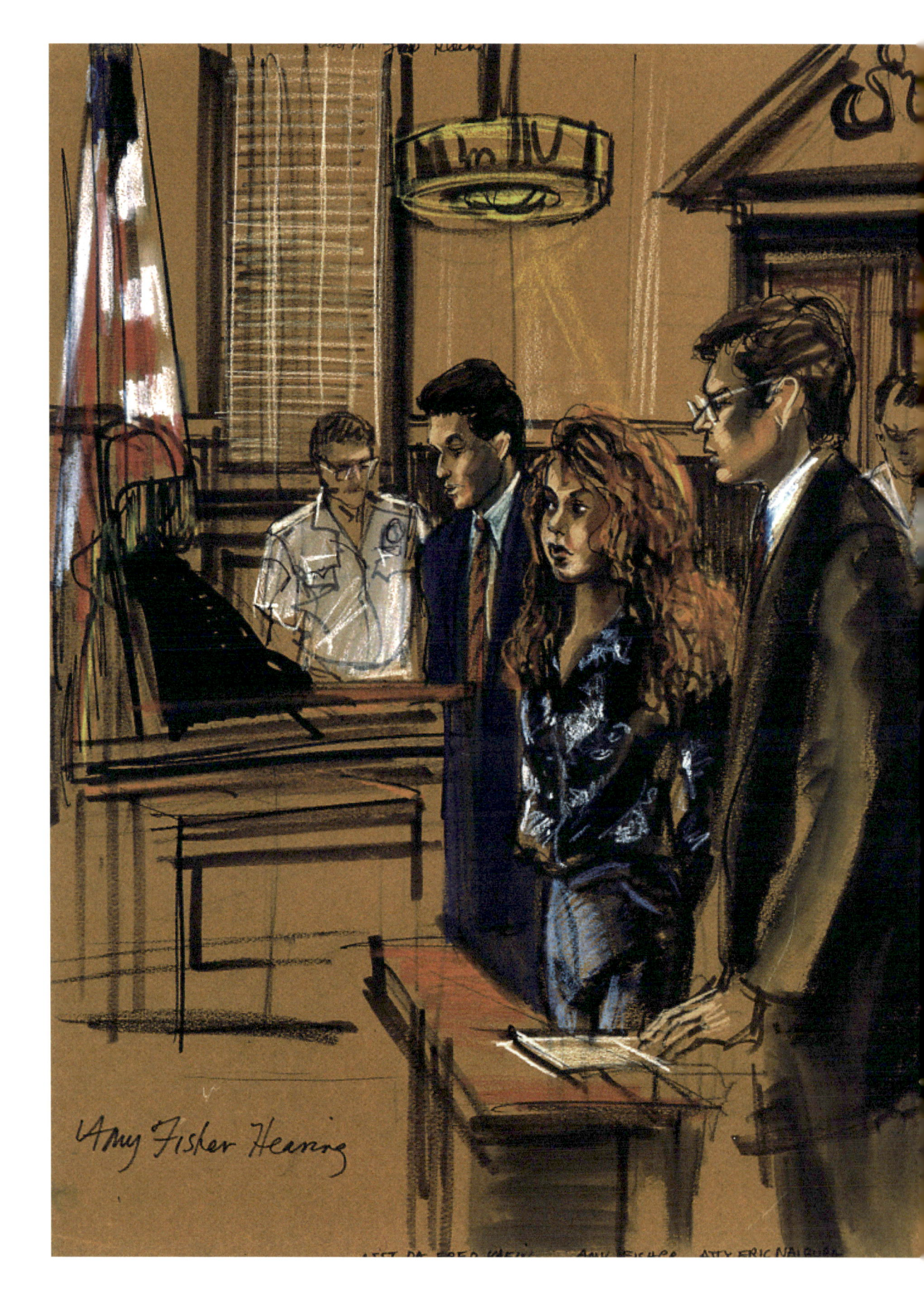

Amy Fisher Hearing

埃米·费希尔案

年　份：1992 年

地　点：纽约州米尼奥拉

指　控：企图伤害

裁　断：有罪（认罪）

刑　罚：15 年

法　官：马文·古德曼

检察官：弗雷德·克莱因

辩护律师：埃里克·纳伯格

埃米·费希尔：
长岛洛丽塔

　　攻击者、引诱他人的少女、受害人——17 岁的埃米·费希尔扯上了刑事官司。她将面临高达 200 万美元的保释金，以及枪击她成年情人的妻子谋杀未遂的指控。对于把这位高中生描述为"正常的"未成年人，本案的检察官感到愤怒，地区助理检察官弗雷德·克莱因在本案早期告诉法官，把埃米·费希尔当作"普通人"就像是"将约翰·戈蒂描述为纽约的'商人'"。但是在本案快要结束时，也是这个检察官相当大程度上放软态度，与费希尔进行辩诉交易，以在起诉其旧情人强奸幼女时，换取她的协助。

◀ 埃米·费希尔第一次在庭审露面是一场视觉盛宴：红发飞扬的少女，言语任性，眼睛中闪烁着怒火。她会将头发甩到前面，像是为了遮住她的脸。这里，费希尔的父母坐在她后面。辩护律师埃里克·纳伯格站在费希尔左边，地区助理检察官弗雷德·克莱因站在她右边。

枪击发生在 1991 年 5 月 19 日，就在长岛南部海岸一处干净的错层式房屋的门前台阶上。玛丽·乔·布达福克，一位 37 岁的家庭主妇和母亲出来开门，她和富有魅力的娇小少女费希尔进行了长时间的交谈。费希尔的口袋中藏着一把上膛的枪。就在这个年长女人转身进屋时，少女拿出手枪开火，打中受害者头部，接着匆忙奔向角落里等她的车逃走。费希尔显然认为那个女人即将死去。但玛丽·乔·布达福克活了下来，并且向警方描述了攻击者：一个染着浅紫头发的深褐发色的白人女性。通过她的描述，她的丈夫马上就知道了凶手是谁。

乔伊·布达福克身材魁梧，举止像是一个愤怒的工人，有着漫画式的锋利面部特征。他告诉警方他是在费希尔送车来修时认识她的。这位 38 岁的丈夫和父亲一开始承认与这位未成年人发生过性关系，随后又否认。费希尔坚称他们是情侣。布达福克和他因头部中弹而丧失部分听力且面瘫的妻子，都把费希尔看作执拗危险的年轻女人。检察官、警察和法官也这么认为。

画家的视角

法庭警卫带费希尔离开时，我终于有机会能好好看看她。她看上去既羞惭又全然不知所措。

费希尔身处狱中，她的保释要求是纽约纳苏郡有史以来最严格的。警方和地区检察官办公室则继续为即将到来的庭审收集证据。他们发现在差不多遇到布达福克的时候，费希尔正开始在长岛的一家三陪服务机构工作。她与其中一个客户的性爱录像最终出现在一个花边新闻节目中。警方同样收集到了汽车旅馆的登记记录和电话录音，这些似乎都支持费希尔的故事，即她的性生活极为丰富，而且，虽然遭到布达福克的极力否认，其中一个经常和她相处的性伴侣就是布达福克。有制片人还付钱以有权制作这个混杂着性爱、暴力和背叛的变态故事的纪实电影。后来费希尔为保释所付的钱中，有部分就来自电影交易。

到了那个夏天的结尾，本案呈现的大致情况变成了一个典型的三角恋爱故事。费希尔迷恋布达福克，希望除掉他的妻子。她至少和两个前男友讨论过要杀死玛丽·乔，最后她从 21 岁的彼得·古古迪手里买了一把手枪。后者在枪击那天载着她去了布达福克家。后来这把枪在离费希尔和其父母郊区住所不远处的下水道找到。

检察官搞定了费希尔，但他显然认为本案还有一笔很好的交易。当大陪审团开始考虑布达福克在谋杀妻子未遂中扮演的可能角色时，费希尔抓住了认罪机会，以她的合作换取了减轻后的罪名——疏忽大意的攻击。

在认罪时，费希尔坚称枪击玛丽·乔·布达福克是一个意外。她告诉法官马文·古德曼，在受害人转身回屋时，她用上膛的手枪击打她。"我击打了她的后脑勺，"她说，"又敲了她，然后枪走火了。"她说受伤的受害人倒在她身上。"我试着挣脱她，然后我击打了她，我想是两下，接着就离开了。我逃走了。"认罪供述让费希尔不用面临谋杀未遂和违法使用武器的指控，这两项指控会带来长达25年的刑期。现在，只要待上3年就可以获得保释。受害人玛丽·乔很愤怒，她怒气冲冲地说："有些地方不对劲。"费希尔被关进了监狱，乔伊·布达福克则继续否认他做错了任何事。

一年后，乔伊·布达福克最终妥协，接受了辩诉交易。他可能面临的刑事指控有强奸罪、反自然性行为以及危及儿童福利，他在法定强奸罪指控上认罪。"1991年7月23日，"他说，"我与埃米·费希尔在弗里波特汽车旅馆发生性关系。"当时费希尔只有16岁。玛丽·乔在整个审判中都伴随丈夫左右，认罪那天却不见踪影。

乔伊因为强奸罪名服刑4个月。玛丽·乔原谅了他，他们搬到了加州，在那里他开始了演员生涯。也是在那里，他差点因为嫖娼再次被送回监狱。最后，玛丽·乔也原谅了费希尔，她甚至在一次减刑听审中，回到纽约为她的攻击者作证。玛丽·乔说，听说费希尔在还是儿童时就受到过性骚扰，这促使她开始为费希尔说话。在第一次有资格获得假释时，费希尔的申请遭到了拒绝。接着她想收回认罪。她同时提起了联邦诉讼，声称监狱守卫强奸了她，强迫她脱光衣服。这起诉讼被撤销，而她的认罪改变也被否决，但费希尔的律师继续施压想让她获释。

服刑7年后，费希尔于1999年5月11日被释放。在离开监狱时，面对等在外面的记者，她未发一言。但她公布了一份书面声明："这对于我和我的家庭来说是新生活的开始。过去7年，我有足够多的时间思考我做的事。我很抱歉。我从我的错误中得到了教训。我很高兴可以有机会在我的生命中做些积极正面的事。"

▲ 审判结束的几年后，受害人玛丽·乔·布达福克在1999年的减刑听审中为她的攻击者作证。布达福克阐述她的攻击者的悔恨和改过时，一个全然不同的埃米·费希尔静静地流泪。从左开始：布达福克、费希尔、法官艾拉·韦克斯纳。

Woody Allen

伍迪·艾伦
诉
米亚·法罗案

年　　份：1993 年

地　　点：纽约州纽约市

诉讼请求：子女监护

裁　　断：驳回；母亲享有全部监护权

法　　官：埃利奥特·威尔克

原告律师：埃尔肯·阿布拉莫维茨

被告律师：埃莉诺·奥尔特、杰拉德·沃平

伍迪·艾伦诉米亚·法罗：心之战

表面上本案事关三个孩子的监护权，但实际上，1993年曼哈顿简陋法庭的这场对抗是对两位电影明星非传统生活的一次展示。这场庭审同样是对混乱情感剧的近距离观察，它使人深感不安：一个男人先是睡了他情人的女儿，接着就试图说服法官他具备更优越的抚养能力。

◀ 伍迪·艾伦只有在证人席上才恢复了活力。一旦"站在舞台上"，他的脸就会带上困扰的表情。米亚·法罗看上去像是在极力忍耐，以防自己跳出来掐死他。从左开始：艾伦、法官埃利奥特·威尔克、被告律师埃莉诺·奥尔特、法罗、原告律师埃尔肯·阿布拉莫维茨。

著名导演、喜剧演员和电影演员伍迪·艾伦，在与米亚·法罗最大的养女——22岁的宋宜·普列文开始一段浪漫关系时已经57岁。艾伦12年的情感和家庭伴侣法罗在艾伦公寓的壁炉里发现了宋宜的裸体照，这段关系也随之曝光。在她看来，因为这项偷情行为，她失去了一个伴侣和一个女儿。然而，艾伦却坚称他与他的这位电影前女主的感情几年前就冷淡了，而与大学新生宋宜的恋情则是两个成年人你情我愿的私事。在庭审开始前，艾伦漫不经心地解释道，他在带宋宜去麦迪逊花园广场观看纽约尼克斯球队的比赛之后就爱上了她。"心之所向，"他说，"这种事没有逻辑可言。"对法罗而言这称不上是解释。她认为艾伦"道德败坏"，把他的行为称作"心理乱伦"。

　　法罗的其他小孩将宋宜看作姐姐。其中包括艾伦的亲生儿子，五岁的萨切尔。因而他们申请家事法院的调解。艾伦和法罗另外还领养了两个子女，7岁的女儿迪伦和15岁的儿子摩西。现在艾伦希望获得对他们三个人的监护权。让事情变得更复杂的是，就在法罗发现艾伦和宋宜的事情后不久，法罗就指控艾伦性侵迪伦。这名电影制作人声称自己请求监护权是为了将孩子们从其"心怀报复"的母亲身边带走，虽然他允诺她可以自由探视。法律之战就此打响。

　　在那个时候，如果你看到艾伦和法罗，就好像碰到了他们电影中的古怪角色。他住在曼哈顿东区，是一个垂头丧气的知识分子，穿着皱巴巴的粗花呢衣服。她与养子女和亲生子女一起住在上西区中央公园这边，是一位持久超凡的美女和有着9个子女的执拗母亲。46岁的她有过两任丈夫，弗兰克·辛纳屈和作曲家、钢琴家安德烈·普列文。而尽管她与艾伦在一起12年，艾伦仍拒绝结婚。

　　艾伦作证说，虽然他和法罗的爱情在萨切尔出生后不久就终止了，他们两人仍然是亲密好友。他一直探访她家，与孩子们待在一起。他说他曾多次与孩子们一起吃饭，也为他们做饭，给他们带礼物。他甚至描述了一次父母意识的觉醒，那次他从出租车中冲出来，以在迪伦睡觉前及时赶到米亚的公寓。然而，他却无法叫出任何孩子的任何一位老师的名字，或者想起他们日常生活中更重要的一些细节。

The Art of JUSTICE　　　　　　　　　　　　　　　　　　　　　速写美国名案　139

画家的视角

伍迪·艾伦听取证词时一动不动，面无表情，对陪审席边上的画家们的无休止作画似乎从来没有任何反应。每天他都穿着同样的皱巴巴花呢夹克、白色衬衫、绿色毛衣和卡其裤。这个时代最杰出的电影人物忍受这个案件以及让人困扰的指控对我而言是难以想象的。我们在庭审中与主角们极为接近。地球上每个人都知道这些人的长相，这点带来的压力是这次任务唯一的缺点。每笔描绘都要极为相似。从左开始：原告律师埃尔肯·阿布拉莫维茨、证人安妮·梅尔泽博士、法官埃利奥特·威尔克、被告律师埃莉诺·奥尔特、艾伦、米亚·法罗。

性侵指控来自艾伦对法罗的一次探访，发生在她康涅狄格州布里奇沃特的家中，那次探访就在艾伦承认他与宋宜的恋情后不久。法罗录下了7岁的迪伦的描述，听上去像是艾伦有淫秽的犯罪行为。但耶鲁纽黑文医院的专家检查了迪伦，确定她没有被性侵过。康涅狄格的检察官拒绝提起刑事指控，迪伦自

▲ 著名律师艾伦·德肖维茨被传唤为专家证人。从左开始：法官埃利奥特·威尔克、德肖维茨、米亚·法罗、被告律师杰拉德·沃平、伍迪·艾伦、原告律师埃尔肯·阿布拉莫维茨。

己后来撤回了性侵指控。儿科医生约翰·利文撒尔博士在作证时认为，迪伦要么是编造了这个性侵故事以取悦她的母亲，要么就是复述法罗让她说的话，虽然医生也认为艾伦的行为热情得不正常。在庭审快结束时，艾伦的律师埃尔肯·阿布拉莫维茨让法罗流下了眼泪，他指控她在复仇之战中"把孩子当作士兵和爪牙"。艾伦作证说，法罗曾在盛怒中告诉他："你带走了我的女儿，我也要带走你的。"

几个证人作证说法罗是一个偏心的母亲，以牺牲收养的孩子为代价，极为溺爱她的亲生子女。但与艾伦不正常行为的暴行相比，她的缺点显得微不足道。法罗的律师，埃莉诺·奥尔特在终结辩论中把导演称作"不知道界限的男人"。她坚称艾伦是"道德上不可接受的"父亲，"在性方面"给孩子"带来困惑"，是"一个令人恐惧的榜样"。

因为庭审中沸腾的情绪氛围，法官埃利奥特·威尔克很早就决定他不会允许任何一边传唤孩子作为证人。他在一些较为敏感的作证中禁止媒体涉入，并将宋宜的裸照锁在一个保险柜中以保护她的隐私。他考虑了所有证词，衡量了一个月，在一份令人震惊但坦率的判决中，他将三个孩子的监护权单独判给了法罗。

"艾伦先生已经证明他没有相应的抚养技能，能使他成为摩西、迪伦或萨切尔的合格监护人。"法官威尔克写道。他批评艾伦"自私自利，缺乏判断力"。在艾伦可能与孩子们分享的所有食物、礼物和睡前故事中，法官写道，没有什么可以补偿"他无法在他们生命中提供有意义的指导和关爱"。然而，最后还是他与宋宜的感情终结了一切。与他们的姐姐睡觉，威尔克说，只是"凸显"了艾伦无法成为父母。

法官认为与侵犯迪伦有关的证据是"非决定性的"，但他把艾伦对女孩的行为称为是"极为不合适的"，同时极大地减少了这位电影制片人探访三个孩子的机会，而他曾寻求对这三个孩子的监护。15岁的摩西获得了自己决定他与艾伦关系的完全权利，但他决定，他不想与艾伦有什么关系。

法官说："显然，艾伦先生缺乏判断力、洞察力、控制冲动的能力。就孩子们的利益而言，允许他现在对孩子们进行日常的非监护探视变得太有风险。"法罗离开法庭时几乎大获全胜。"讽刺的是，"法官写道，"法罗小姐在作为有责任感的父母方面的主要缺点就是她与艾伦先生的长期关系。"

_____画家的视角

  我画过的庭审画面中，让我感到好笑的并不多。查克·琼斯被指控偷窃玛拉·梅普尔斯的鞋子和丝袜，构成了滑稽的场面。把他们集中放到画面中心，强调四处散落鞋子这一奇怪的场面让我感到有趣。琼斯似乎也很享受为自己辩护，可能是因为他可以因此一次又一次展示和处理这些证据。从左开始：查克·琼斯、玛拉·梅普尔斯、地区助理检察官安东尼·凯文·伍德、陪审团。

查克·琼斯：
迷恋玛拉·梅普尔斯

查克·琼斯案

年　份：	1994 年
地　点：	纽约州纽约市
指　控：	夜盗、持有失窃物品、持有武器
裁　断：	有罪（上诉时推翻，重审时混合裁断）
刑　罚：	一年半到四年；重审：一年到四年
法　官：	理查德·安德里亚斯
检察官：	多琳·克莱因、凯文·伍德
辩护律师：	安东尼·莫罗松、被告

　　美国法庭盛产奇观，但很少有比得上 1994 年的那场。女演员玛拉·梅普尔斯在法庭上查验一箱时髦的鞋子，这些鞋子据称曾经失窃，而且遭到了一个跟踪者的性侵犯。她说，在过去几年里，这些鞋子在她的公寓和酒店房间中丢失。警方和梅普尔斯声名显赫的丈夫唐纳德·特朗普雇用的私人保安告诉陪审团，这些鞋子在查克·琼斯办公室中找到，此人曾是梅普尔斯的公关。在梅普尔斯与特朗普结婚之前，琼斯为她工作。他显然迷恋这个女人，这种迷恋吞噬了他的生活。

　　琼斯承认他有恋物癖，迷恋女人的鞋子。实际上，他承认他和证据箱中的 70 双鞋子中的部分有过性关系。这些鞋子的码数正好是梅普尔斯和琼斯妻子的鞋码。他坚称他没有偷鞋子，而是在几年时间里以不明确的方式收集他们。单纯地拥有这些鞋子不会构成犯罪。然而，检方有更多证据。检察官多琳·克莱因告诉陪审员，这次审判和琼斯不同寻常的性癖好无关。她说："本案是关于被告对玛拉·梅普尔斯的迷恋。"除了这箱鞋子之外，检方拿出了隐藏在梅普尔斯位于曼哈顿的公寓中的摄像头，以及几件同样在琼斯办公室中找到的玛拉的内衣。

　　琼斯两次受审，两次都被判入狱。1994 年的判决因为技术性问题遭到上诉，需要服刑 1 年到 4 年的他被释放。1999 年第二次审判的裁断是分裂的：在持有武器和夜盗方面有罪，在持有失窃物品上无罪。陪审员后来将琼斯描述为"可怜"和"病态"的。2001 年，他服刑结束，继续提起诉讼和申请以恢复名誉，却没有成功过。

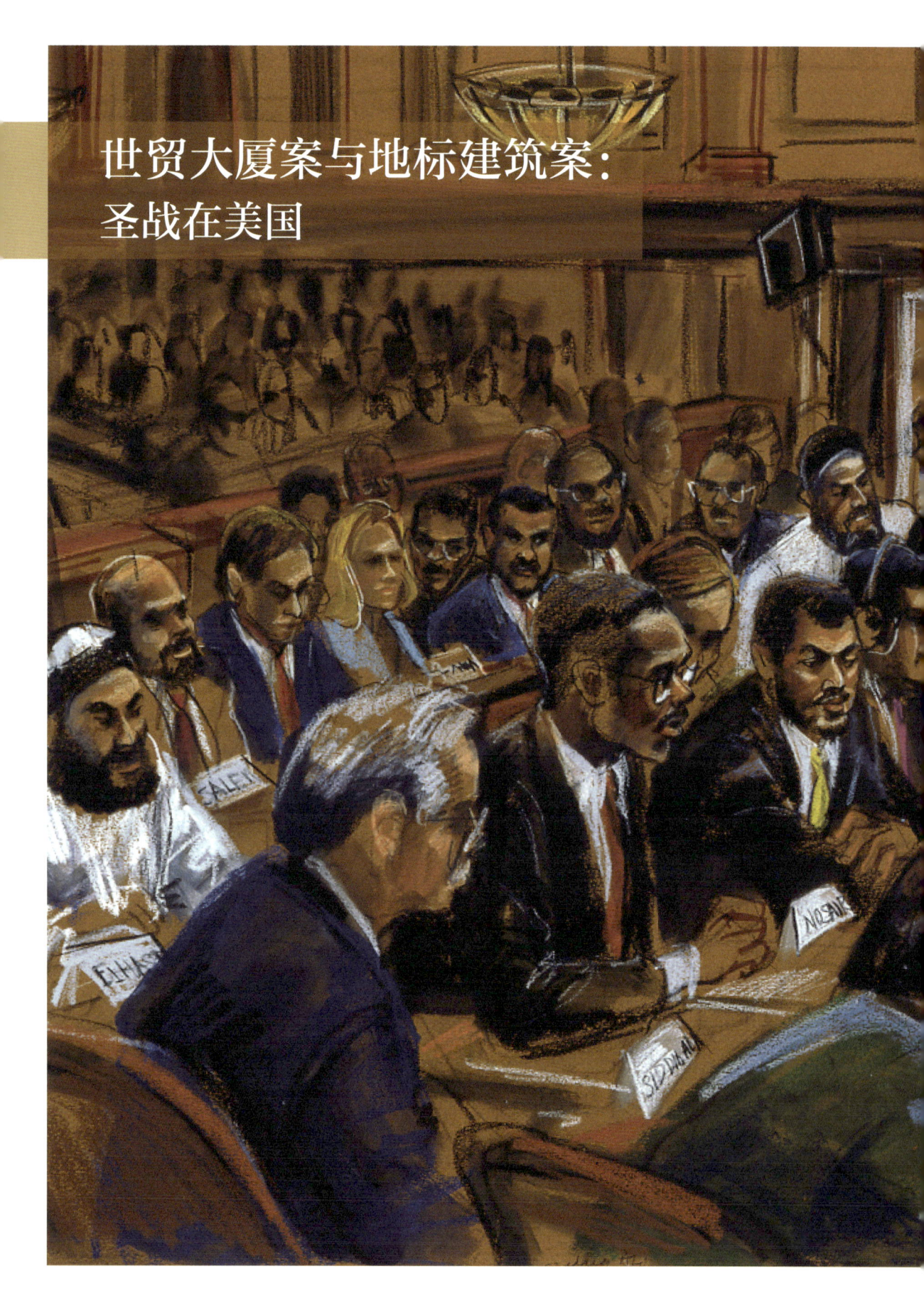

世贸大厦案与地标建筑案：
圣战在美国

速写美国名案 145

画家的视角

地标建筑恐怖袭击案的辩护席十分拥挤，里面坐着所有被告，他们的律师，还有一个玻璃亭，里面坐着翻译。我策略性地浓缩了场景。在右前景，律师林恩·斯图尔特与她的客户拉赫曼商谈。

美　国　诉
穆罕默德·萨拉马、马哈茂德·阿布哈利马、尼达尔·阿雅德、艾哈迈德·阿贾杰案

年　份：1994 年

地　点：纽约州纽约市

指　控：共谋犯罪、企图伤害、持有和使用爆炸物

裁　断：在 38 项罪项上全部定罪

刑　罚：终身监禁

法　官：凯文·达菲

检察官：J. 吉尔摩·奇尔德斯、亨利·德皮珀

辩护律师：罗伯特·普里希特、汉森·阿卜杜拉、阿蒂克·艾哈迈德、奥斯汀·卡普里奥、约翰·伯恩

美　国　诉
奥马尔·阿卜杜勒·拉赫曼等案

年　份：1995 年

地　点：纽约州纽约市

指　控：共谋暴乱、谋杀共谋、犯罪组织非法活动

裁　断：混合（所有被告都在一些罪项上被定罪）

刑　罚：拉赫曼和诺塞尔：终身监禁；

　　　　其他人：25 到 75 年

法　官：迈克尔·木卡西

检察官：安德鲁·麦卡锡、帕特里克·菲茨杰拉德、罗伯特·库扎米

辩护律师：林恩·斯图尔特、拉姆齐·克拉克、罗杰·斯塔夫斯、安东尼·里乔、肯尼思·沃瑟曼、丹尼尔·费尔伯、史蒂文·伯恩斯坦、查尔斯·拉文、瓦莱丽·阿姆斯特丹、约翰·雅各布斯、乔伊斯·伦敦、托马斯·努特、韦斯利·塞拉、亚伯丁·贾巴拉

　　美国反恐始于刑事调查。世贸大厦首次受到攻击，激发了优秀的警方调查、逮捕和起诉。随之而来的审判让我们看到，即使是在非同寻常的情况下，我们的司法体系也可以良好运转。

　　对于住在这座城市远郊的人来说，1993 年寒冷的 2 月天里的这场爆炸听上去像是雷声，或者是巨型垃圾桶倒地的声音。人们停下手上的事抬头，接着又回去工作，直到听说了新闻并回想起声音前都没多想什么。当然，那些就在世贸大厦附近的人非常清楚，某些严重的事发生了。这幢大楼的管理者当时坐在 35 层的办公室里，他说"感觉大楼在起伏"。然后灯灭了，浓

▲ 辩护律师汉森·阿卜杜拉拿着一个据称是用来混合炸弹化学品的瓶子向陪审团论证。辩护席上的鞋子装着爆炸中的化学残留物,这和那些化学品相符。检方认为鞋子是马哈茂德·阿布哈利马的。从左开始:阿布哈利马、法官凯文·达菲、阿卜杜拉、陪审员。

烟从街上冒出,灌入摩天大楼高处的办公室和交易场所。六人死亡,一千多人受伤。有些人在电梯里被困了数个小时,或者花了数小时等待直升飞机将他们从屋顶带走。大多数人摸索着走下黑烟弥漫的楼梯。当受害者们还在摇摇晃晃地走向街道,拿手帕遮挡他们满是烟灰的脸时,警方和FBI特工靠近了巨响的源头——大楼停车场的巨大空洞,这一发现令他们心惊。在这座颠簸后的城市,电子传呼机在调查员、政府官员和记者们腰间震动发声,传递着一句声明:"这是一起爆炸。"

26岁的拉姆齐·尤塞夫是这场谋划的主导者,他后来告诉联邦特工,他原本打算让其中一栋大楼或两栋楼都倒下。他在哈得孙河对岸看到,浓烟向上飘,穿过屹立不倒的摩天大楼,显然这让他感到很失望。当联邦特工走向爆炸深坑寻找证据时,尤塞夫逃到机场,搭上了一班前往巴基斯坦的飞机。

1994年,袭击发生的一年后,第一场对恐怖袭击的审判将尤塞夫的四个排头兵带到了法官凯文·达菲的法庭上。联邦特工们通过大楼废墟中找到

画家的视角

奥马尔·阿卜杜勒·拉赫曼是地标建筑案中各方关注的焦点。法官迈克尔·木卡西第一次让他站起来面向陪审团时,这位盲人长老转向陪审团,面带微笑。他经常穿着白色的长袍,戴着红白相间的牧师帽和太阳镜。前景,从左开始:被告希迪格·阿里,律师威廉·孔斯特勒、拉赫曼、法官木卡西、联邦助理检察官安德鲁·麦卡锡。

的部分车辆识别码,追踪到了嫌疑犯穆罕默德·萨拉马租赁的莱德卡车。这辆车在爆炸发生那天没有归还,被报失窃,专家们认为就是这辆车运送了那枚大型化学炸弹。令人惊讶的是,特工们正是在萨拉马返回租赁公司要求拿回400美元押金时逮捕了他。他们同时发现萨拉马租赁了一个储物柜,炸药里的化学物显然就是在这里面混合的。他和尤塞夫,以及另两个被指控和这场阴谋相关者一起住在附近的一间公寓里。

第一场审判的检察官主张,除了萨拉马之外,其他三个被告协助组装炸弹体,这其中包括马哈茂德·阿布哈利马和尼达尔·阿雅德,后者是一个工程师,是他订购了计划中使用的化学物和设备。

阿布哈利马经常去组装炸弹的那间公寓。爆炸发生的两周后,他在埃及被逮捕。第四个被告艾哈迈德·阿贾杰通过与尤塞夫电话来和其他人取得联系。不过在爆炸发生时，阿贾杰已经因为试图通过一张篡改的瑞士护照进入美国而被逮捕。检方认为他为这个恐怖组织提供了炸弹制作技术。四个人不是阿拉伯移民，就是遵循伊斯兰激进主义的美国公民，都因为美国对以色列的政策而心怀不满。审判持续了五个月，检方展示了阴谋的构成，将每个被告都与之关联。被告们的亲友观看检方的案情展示，这些展示大部分时候都是技术性的，每天的审判都充满了紧张和不耐烦的情绪。

审判中令人惊讶的时刻之一，是控方证人威利·莫什没有辨认出那两个为运送炸弹的货车加油的被告。相反，他指认了两个陪审员。后来他改正了证言，但陪审团在比较了他的错误和检方拿出的大量司法证据后，似乎把这次意外当作小故障一笔勾销了。1994年3月4日，面对辩护席上的抗议声，法庭作出了有罪裁断。在这之前，检方声称他们发现了一个更大的阴谋，即企图摧毁纽约众多地标性建筑。

第二次针对恐怖袭击的审判一共有十个被告，但主要被告是奥马尔·阿卜杜勒·拉赫曼，一个有影响力的埃及神职人员。他经常在狂热的布道中控诉美国是伊斯兰最坏的敌人。这个得了糖尿病的盲人精神领袖在1990年离开了家乡，成了新泽西州泽西市的一座二层清真寺的头领，为阿拉伯移民布道。他每天被带到法庭时，都戴着一个显眼的宽白边红色小圆帽，显示他的圣人地位。他在拥挤的联邦法庭里坐在中间，周围是9个恭敬的共同被告，还有律师、翻译、配枪的法庭警卫，以及坐满了走廊的观众和记者。

这个被称为地标建筑案的审判，关键证据是一个录像带，展示了嫌疑犯们在一个布鲁克林车库混合化学品，讨论他们想袭击的目标。"那些为隧道准备的呢？"有个声音问道。"隧道里的设置了四分钟"，有个冷酷的声音这样回答。检方认为这个团伙计划在乔治华盛顿大桥、联合国总部以及连接曼哈顿和泽西市的荷兰隧道引爆炸弹。

地标建筑案还在审判时，主谋尤塞夫被逮捕。两百万美元的奖励换得了线索，将纽约联合反恐特遣部队带到了巴基斯坦伊斯兰堡的一个酒店房间。尤塞夫被火速带回了纽约，以确保他在地标建筑案中作证。但在证人席上，他紧张地看向法庭另一端的拉赫曼，拒绝回答问题。陪同这个被控恐怖袭击者从巴基斯坦回美国的调查员说，在通过飞机窗户看向世贸中心大楼时，他直截了当地预测道，下次"我们会把它们放倒"。没有人真的相信这种可能性。实际上，对这次庭审的报道正在缓慢减少，人们越来越关注洛杉矶的辛普森庭审播放。有一次，律师针对恐怖主义的过程询问技术证人时，三楼的法庭上只有十个观众。

　　即使没有尤塞夫的证言，拉赫曼和八个被告也被定为共谋暴乱罪，依据是很少使用的内战时期的法条，旨在对抗那些反对联邦政府的暴乱行为。陪审团认为埃尔·塞伊德·诺塞尔在爆炸案中无罪，但因为在拉赫曼的许可下刺杀激进拉比梅尔·卡哈尼而被定罪（见本书第120页）。宣读裁断时，有人抗议大喊："真主伟大！"

　　1996年，尤塞夫第一次面临审判，审判为期14周，同样由法官达菲主审。尤塞夫为自己辩护。他和两个被告因为谋划引爆十多架客机而被定罪，这是与地标建筑案中的谋划者们的协同进攻。在1994年12月的一次试验爆炸中，一个日本乘客被害。

　　第二年，也即1997年，尤塞夫在另一场为期三月的审判中面临了本案最开始的指控。来自世贸中心爆炸现场的证据被运到了法官达菲的法庭上。这次，尤塞夫同意让一名律师为他辩护。在裁断作出时，他显得很失望。他和共同被告艾亚德·伊斯莫因为向地下停车场运送炸弹而被定罪。

　　庭审过后，美国国务院发布了一份建议书，警告境外旅行的美国公民注意"针对美国利益……的潜在报复"。虽然在本国，人们感到安全。联邦助理检察官列夫·达辛对陪审团谈起这场袭击时用了过去时，"那时候，这些自我标榜为恐怖主义部队的人不像其他人，"他说，"他们是在向美国公民传达，这些事会在任何时候在任何人身上发生……任何人都可能成为发生在美国领土上的野蛮袭击的受害者。"

1994年世贸大厦爆炸案中，一辆卡车的部件被拖到联邦法庭的律师席上，这是我看到过的最不同寻常的实物证据展示。发动机部件、轮胎和金属板在这幅画里形成有趣的布局。在一些敏感的审判中，法官经常要求画家们不画陪审团，或者把他们画在阴影里，

画家的视角

就像这幅画所表现的这样。但这是我画过的庭审中的唯一一次，律师代表他的客户向画家作出请求。律师罗伯特·普里希特向我们走来说，"我的客户，穆罕默德·萨拉马，请求你们把他画的像个人类，而不是恐怖分子。从他被捕的那天开始，他就被画得像是某种恶魔。"没有画家对此回应，因为很难不带私人感情地描绘你毫不同情的被控恐怖分子或谋杀者。坐着的，从左开始：共同被告艾哈迈德·阿贾杰、马哈茂德·阿布哈利马、尼达尔·阿雅德和穆罕默德·萨拉马。高处的，从左开始：法官凯文·达菲、证人威廉·佩弗、联邦助理检察官J.吉尔摩·奇尔德斯。

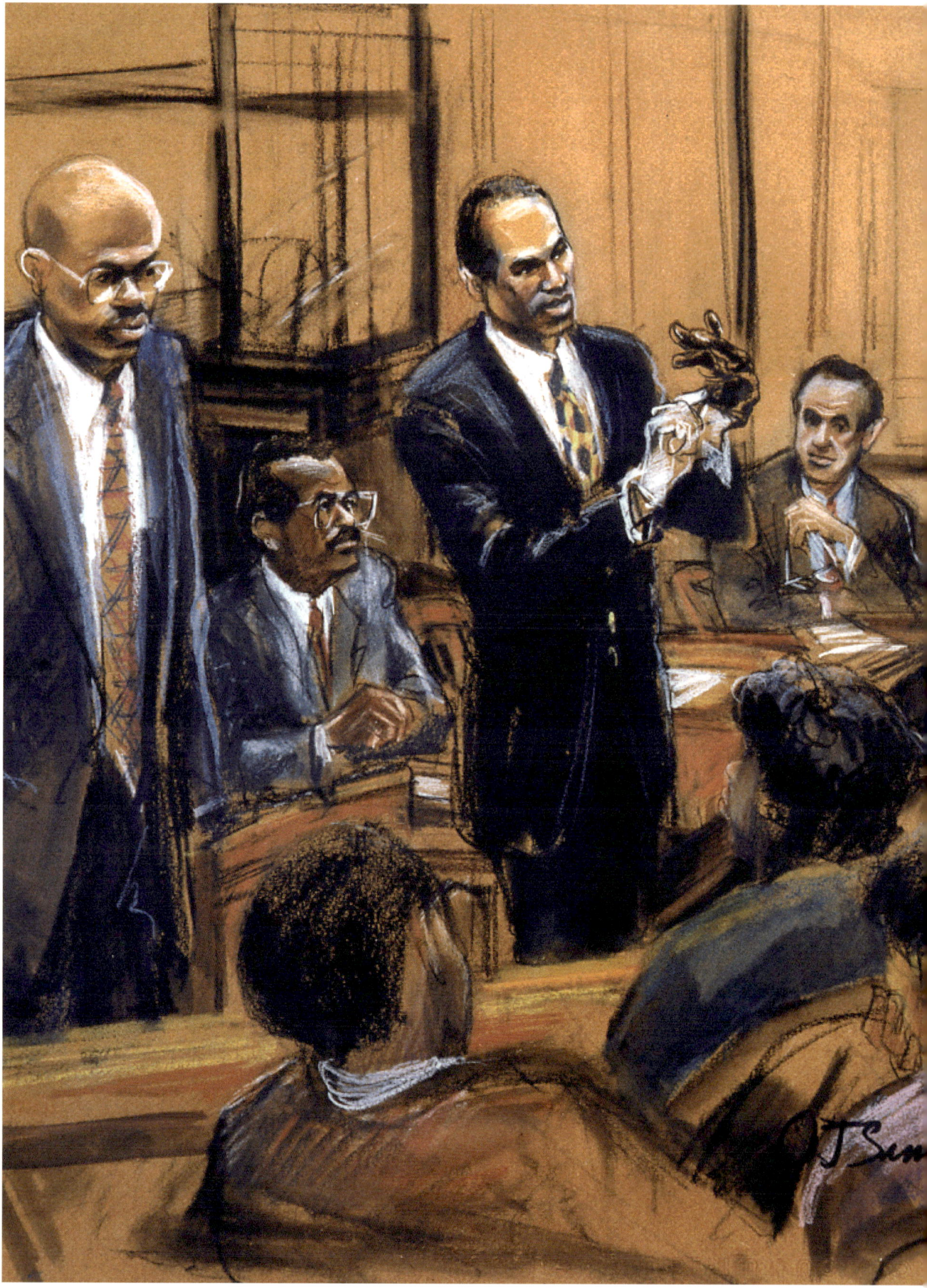

加州

诉

奥伦塔尔·詹姆斯·辛普森案

年　份：	1995 年
地　点：	加州洛杉矶
指　控：	谋杀
裁　断：	无罪
法　官：	兰斯·伊藤
检察官：	马西娅·克拉克、克里斯托弗·达登
辩护律师：	约翰尼·科克伦、罗伯特·夏皮罗、
	F. 李·贝利、巴里·谢克、
	彼得·诺伊菲尔德、罗伯特·卡戴珊

O.J. 辛普森：
世纪审判

1994 年 6 月 12 日，刚过午夜 12 点半，两个被害人在洛杉矶西部一栋有围栏的排房前门附近被发现。男人坐在地上，背靠一棵树，头部和肩膀前倾。女人如胎儿般蜷缩在门前台阶底部。两人的脸部和喉咙都被刺伤，女人的脖子被割得很深，就像是有人试图割断她的脑袋。她是一个美国偶像

◀ O.J. 辛普森试戴在犯罪现场找到的手套，手套不符合他手的大小。从左开始：检察官克里斯托弗·达登（为《妇女家庭杂志》写文章的人，这些插图最开始作为他的文章配图一起出版）、约翰尼·科克伦、辛普森、罗伯特·夏皮罗、法官兰斯·伊藤。

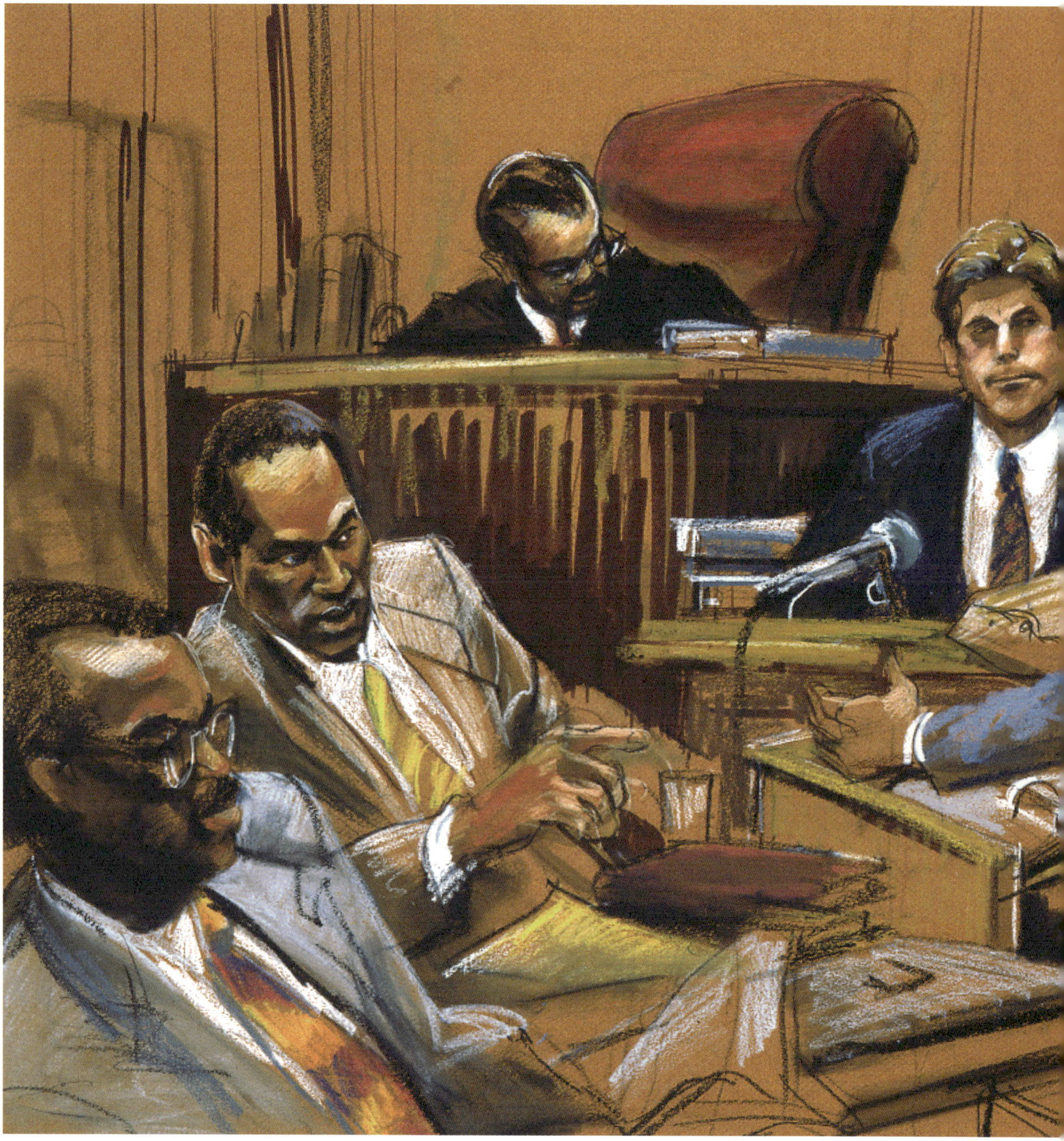

的前妻，她的死亡是一场大型参与性肥皂剧的序幕，这部肥皂剧名为O.J.辛普森谋杀审判，又称世纪审判。

妮可·布朗·辛普森之死很快就让洛杉矶警方把注意力放在了与她分居的丈夫身上。这位入选名人堂的橄榄球运动员已转型为友好亲切的体育解说员。妮可和O.J.辛普森经历过一场暴力的婚姻，曾经因为家暴报警。而就在当天下午，他们还曾有过一场以分手结尾的争论，就在他们女儿钢琴独奏会会场外激烈争吵。

男性被害人罗纳德·戈尔德是妮可那天晚上早些时候就餐的餐馆服务员。警方认为他是在谋杀发生时到达了现场，归还妮可落在餐桌上的东西。犯罪现场找到了装有一副眼镜的信封。

尸体被发现时，O.J.辛普森正在去芝加哥的飞机上。但在谋杀发生时，他就在附近。验尸官认为死亡时间在前一晚大约10点或11点。辛普森坚称在那段时间里，他一直等车接他去机场，11点15左右，他在家门口上了叫来的车。司机则说，他当时一直在等待，就在看到一个阴影靠近大楼的片刻后，听到O.J.辛普森著名的嗓音从对讲机中传来，说自己睡过了头。可以想象的是，辛普森可以从犯罪现场回到他的豪宅，换了衣服，及时离开去机场。对本案中

◀ 证人席上的探员马克·富尔曼。《妇女家庭杂志》为了给关于本案的一篇特稿配图，需要两张速写。法庭的录像画面大家都能看到，杂志社的编辑希望有一些不同的东西，使之看上去像是我们通常看到的审判插画。我被要求在画里融合许多来自照片和录像的画面。从左开始：辩护律师约翰尼·科克伦、O.J.辛普森、法官兰斯·伊藤、富尔曼、地区助理检察官马西娅·克拉克、陪审团。

的警察们来说，这很有可能发生。

警方有实物证据支持他们的怀疑：离开妮可家的血脚印和 O.J. 鞋子的尺寸相同，与犯罪现场发现的手套成对的另一个血手套在他的房子外面找到，他的越野车里有被害人的血迹，还有一系列移动痕迹，恰是一个凶手犯罪后试图躲避侦查会留下的。在他因为谋杀指控向警方投降之前，一个朋友载着他在洛杉矶开车游荡，遭到了警车的低速追捕，追捕由电视直播，传遍各地。辛普森带着一把枪，那个朋友说他威胁说要自杀。他面临的指控看上去很严重，但对有些人而言，辛普森永远清白。

辛普森是在美国广受欢迎的那类人：没有威胁性，在公开场合极为和蔼可亲，是美国两个种族群体都十分赞赏的模范偶像。很多美国人都无法相信，他们通过电视和电影了解到的这个令人愉快的人物会有如此残忍的行为。在检方的证据出现各种问题后，合理怀疑变得更多。

在庭审过程中显而易见的是，洛杉矶警方的调查是如此马虎，以至于降低了许多最佳证据的价值。他们收集了血液样品，采用最先进的 DNA 检测方法，但证据链并不总是清楚的。从辛普森身上采集的用作对比的血液样品被带回了犯罪现场，辛普森车上找到的点滴血迹被认为可能是栽赃的。警方从未找到谋杀凶器或者辛普森犯罪时据称穿的衣服。著名的犯罪学家李昌钰博士为辩方作证，他告诉陪审员，检方的证据"是不对的"。陪审员被告知，在辛普森家中进行了测试，以找到浴室设施上的血液痕迹，但他们从未得知结果，可能是因为那些结果从未符合后续的测试，因而会被认为是非决定性的证据。

对检方而言，最具毁灭性的打击是探员马克·富尔曼录音带的出现，马克·富尔曼是在辛普森家发现血手套的人。这位英俊的加州谋杀案件调查员和一个未来的编剧谈论他的工作。在录音中，富尔曼谈及伪造证据和殴打嫌疑犯，而且他把黑人叫作"黑鬼"。首席辩护律师约翰尼·科克伦发现了突破口，奋力突击，正如辛普森在球场上对抗一排防守人员一般。他告诉陪审团，富尔曼是一个"撒谎成性、充满偏见的种族歧视者"。辩方声称辛普森是被陷害的。

陪审员听取了这些意见，并将其与法庭上的另一个关键时刻发生的事情一起衡量。也即检察官克里斯托弗·达登要求辛普森试戴显然是被凶手用过的手套。一只在犯罪现场被找到，另一只由富尔曼在辛普森家外面找到。辛普森将紧绷的皮手套拉开，试图把它戴上他那宽大的手掌，同时将手套举起来展示给陪审团看。它们看上去比辛普森的手小了不少尺寸。科克伦在终结辩论时提及了这个时刻，"如果手套大小不合适，"他警告陪审员，"那么你们必须裁断无罪。"

在为期九个月的全国庭审直播后，由十名女性和两名男性组成的陪审团在几个小时内认定辛普森无罪。辛普森离开了法庭，回到自己家，获得了他和妮可小孩的监护权。全国人民对裁断的看法似乎根据种族界限而区分。辛普森很快发现，避免入狱和重回自由是两码事。

刑事审判的结局让妮可·布朗·辛普森和罗纳德·戈尔德的亲戚们震惊，他们向O.J.提起民事诉讼并获得了成功，在后面的审判中，他们指控辛普森造成了被害人的死亡。根据民事审判中相对不那么严格的"优势证据"标准，辛普森被判处支付数百万美元的补偿性和惩罚性赔偿金。民事诉讼中的新证据包括辛普森脚上穿着的那昂贵而独特的鞋子的照片，正是犯罪现场留下血脚印的同款鞋。而辛普森早前声称他从来没有这双鞋子。照片是由两个不同的摄像师在谋杀前一个月的球赛上拍的，这似乎是第一次抓到辛普森的直接谎言。

民事审判败诉后，辛普森卖了他的豪宅，搬离洛杉矶，现在他作为被告比作为橄榄球运动员更为出名。一个邻居家草坪上的标识写道："O.J.，你在这儿不受欢迎。"

画家的视角

　　桑特和肯尼思·凯姆斯是母子,但他们有时候表现得像是两个约会中的人。他们在法庭上离得很近,经常头挨着头坐在一起,相互打手势和讨论,像是在爱抚和表达爱意。他又高又瘦,眼神木然。她则看上去十分凶恶,眼睛有时候是突出的,激动的时候就疯狂地给她的律师写纸条。她一直表现得像是一个受害者。有一次,因为法官决定限制证人的交叉询问,她感到沮丧,从座位上跳起来大叫:"这不公平!"从左开始:法官里纳·尤维列、肯尼思·凯姆斯、地区助理检察官康尼·费尔南德斯、桑特·凯姆斯、陪审员。

桑特和肯尼思·凯姆斯：骗子和尸体失踪案

纽约州 诉 桑特·凯姆斯和肯尼思·凯姆斯案

年　份：	2000 年　　　地　点：纽约州纽约市
指　控：	谋杀、共谋犯罪、重偷盗、伪造文书、偷听、夜盗
裁　断：	有罪
刑　罚：	终身监禁
法　官：	里纳·尤维列
检察官：	康尼·费尔南德斯、约翰·卡特
辩护律师：	迈克尔·哈迪、乔斯·穆尼兹、梅尔·萨克斯

如果说生活是对艺术的模仿，那么桑特·凯姆斯和她的儿子肯尼思就是电影《致命赌局》中安杰丽卡·休斯敦和约翰·库萨克的阴暗面。在他们的犯罪和被捕故事刚被报道时，媒体就作了这种对比。这部电影贯穿庭审始终，而本案也是为数不多的在缺少尸体、认罪供述和法医证据的情况下，就以谋杀定罪的案子。

凯姆斯母子因为 1998 年 7 月 5 日抢劫和谋杀曼哈顿社会名流艾琳·西尔弗曼而被定罪。西尔弗曼时年 82 岁，身体衰弱但头脑精明。她将她那优雅的东区排房对外出租，25 岁的肯尼思·凯姆斯成了她的房客。证人们作证，她曾因为这个年轻人似乎可以娴熟地躲避监视大楼的安保摄像头而开始怀疑他。她的直觉是对的。

事实证明，肯尼思在他 65 岁的母亲桑特的指导下，抢劫和谋杀了这位老妇人。起初，这对母子是因为用空头支票买车而被逮捕。警方找到了伪装和伪造的文件，包括西尔弗曼公寓的地契，以及 14 本笔记本，桑特·凯姆斯在里面描述了他们计谋的细节。里面还有待办清单，上面列有诸如"购买绳子、电击枪和手套"的任务。

庭审持续了三个月，据检方说，这是一场从夏威夷岛到加利福尼亚，再到巴哈马的大型系列偷盗、伪造和谋杀犯罪的一部分。2000 年 5 月，在宣布有罪裁断时，肯尼思·凯姆斯倔强地告诉他的母亲："都会好的。"最终，他承认谋杀了洛杉矶生意伙伴大卫·卡斯丁，概述了西尔弗曼犯罪中的计谋作为辩诉交易的一部分。这场交易会让他们俩都免受加州案件中的死刑刑罚。桑特将其称为"暂时的让步"。

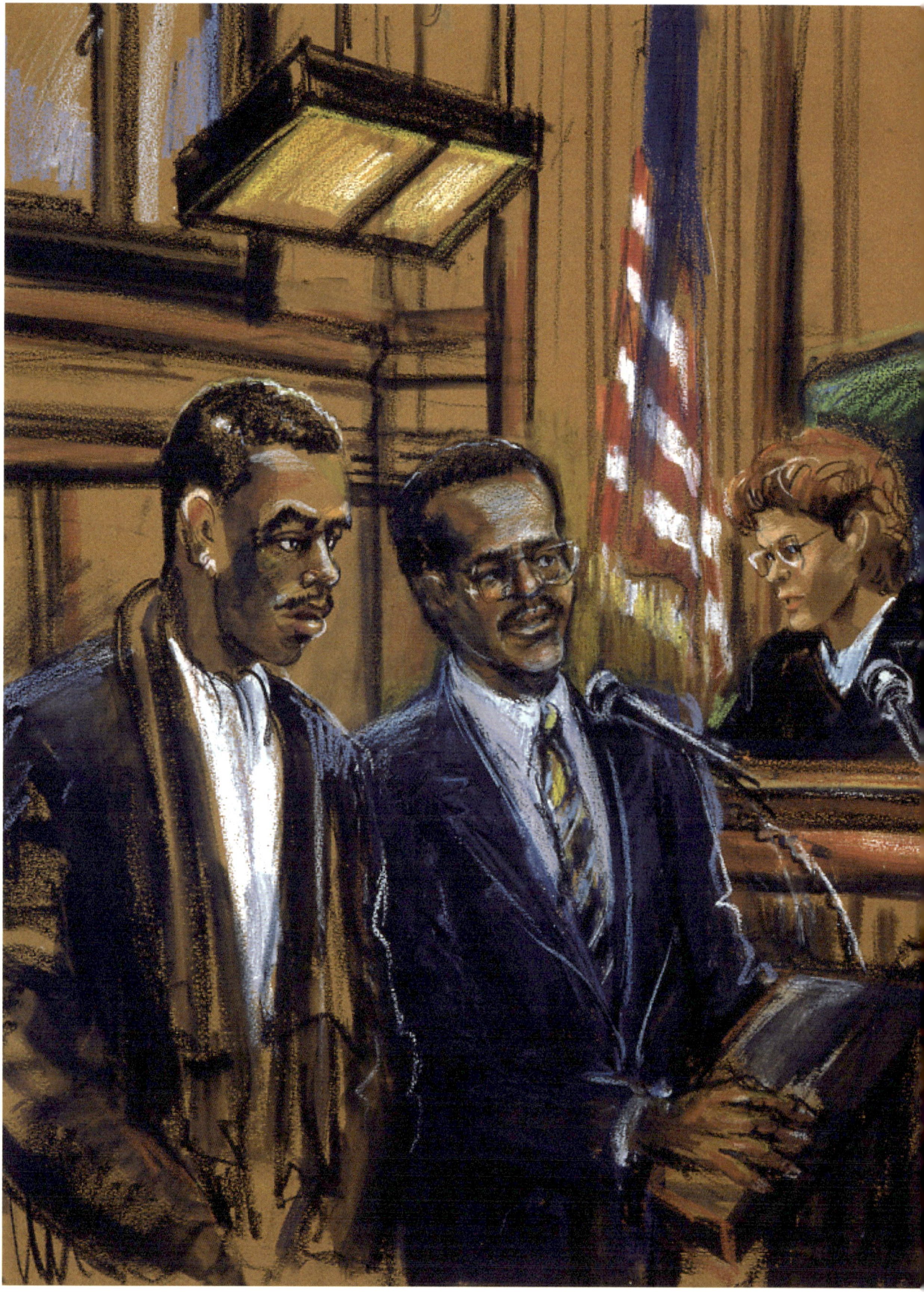

纽约州

诉　贾马尔·巴罗、肖恩·库姆斯及安东尼·琼斯案

年　份：	2001 年
地　点：	纽约州纽约市
指　控：	企图伤害、危害他人安全、持有武器罪（巴罗：谋杀未遂、库姆斯：贿赂）
裁　断：	混合
刑　罚：	10 年（巴罗）
法　官：	查尔斯·所罗门
检察官：	马修·博格达诺斯
辩护律师：	本杰明·布拉福曼、约翰尼·科克伦、默里·里奇曼

吹牛老爹：
生活模仿艺术

　　上了法庭后，他不再趾高气扬。同时消失的还有昂贵的白色制服、钻石耳环，以及所有"匪帮说唱"行为。歌手、说唱界的显赫人物吹牛老爹不得不承认，他对进监狱"怕得要死"。他靠说唱音乐和流行时尚赚到了百万美元，现在却面临严重的持有武器和贿赂指控，并有可能会被判入狱 15 年。

◀ 在预审听证中，约翰尼·科克伦反驳对肖恩·库姆斯的指控。从左开始：库姆斯、科克伦、法官阿琳·戈德堡、地区助理检察官马修·博格达诺斯。

1999年圣诞节的两天后，库姆斯和他的女友，著名歌手詹妮弗·洛佩兹在"纽约俱乐部"的一群随行人员中狂欢，纽约俱乐部是一家夜店，就在时代广场对面。那是凌晨两点，这群人，包括年轻的说唱歌手贾马尔·薛尼·巴罗在内，正朝夜店外走去，其中有人撞到另一个客人，导致他的饮料洒出。双方对骂了几句，其中包括对库姆斯成就的议论。还有人撒钱，带着侮辱意味，有人拿出枪并射击。三个旁观者受伤。

团体中的中心人物，包括库姆斯、洛佩兹和巴罗，逃离了现场。警方称司机驾驶的SUV载着他们闯了几个红灯，开到人行道上并打着闪光灯，试图绕过警方巡逻车。库姆斯坚称他们是逃离（他理解中的）一场刺杀行动。警方最终在离夜店好几个街区之外抓到了他们，SUV上的所有乘客都被戴上手铐带到了警局。在监狱里待了一晚后，哭泣着的洛佩兹被释放，未被逮捕。库姆斯、巴罗、保镖安东尼·"狼"·琼斯和司机沃德尔·芬德森被逮捕，指控罪名是持有武器和持有偷窃物品，一把在前排座椅下找到的手枪。

庭审中，地区助理检察官马修·博格达诺斯面对的辩护律师和他们的当事人一样出名。库姆斯聘请了O.J.辛普森的首席辩护律师约翰尼·科克伦，以及曾为原先的黑手党杀手、后来成为线人的萨尔瓦托·"公牛萨米"·格拉瓦诺辩护的本杰明·布拉福曼。然而，博格达诺斯看上去并未被吓倒，他简述了自己的主张，认为库姆斯案不过是一个富人试图利用影响力来逃避法律制裁。他说："一个证人看到肖恩·库姆斯拿出了手枪。证人们说他们看到了枪口焰。"他说夜店的金属探测器并未检测到武器，因为库姆斯和他的随行人员并未进行检测。"你不会搜查吹牛老爹和他的随行人员，没人会管他们。"

辩护的大部分时候都是布拉福曼在陈述，他暗示他的客户，这位说唱乐手，是野心勃勃的检察官偏见的受害者。"本案无关说唱音乐，"布拉福曼提醒道，"而是有关不公正的审判、错误的指控。"他边看向检察席边补充："你将看到的仅有的嘻哈音乐是博格达诺斯先生对事实的扭曲。"他告诉人们，证据表明，如果肖恩·库姆斯不是名人，他将不会被指控。

庭审中，库姆斯穿着一套保守的细条纹西装，旁观着指控他的案件发展态势。证人们作证说是共同被告巴罗先掏出了枪，朝冒犯他的酒吧客人开火。还有人则说库姆斯也拿出了武器，朝天花板开枪。证人证言看上去对巴罗更为不利，太多人看到他拿着枪，他自己也承认在酒吧里开火，但坚称他是在自卫。

但库姆斯的行为不是那么清楚明了，声称他带着枪的顾客中，有一些已经对这个富有的说唱歌手提起了民事诉讼，这让人怀疑他们的动机。早前，

在本案逐渐成形时，洛佩兹在大陪审团面前作证说她从未看到库姆斯带着枪。洛佩兹曾被认为极可能成为庭审的证人，但这并未发生。于是，库姆斯为自己作证，坚称他在酒吧里从未带着枪。

对库姆斯而言，本案中最麻烦的部分是关于枪击后发生的事，那时候他、洛佩兹、巴罗、琼斯还有司机芬德森坐着 SUV 在曼哈顿大街上疾驰。警方说从这辆大型汽车的车窗里扔出了一把枪，随后被探员们拾到，另一把则是 SUV 停下来时在一个座位底下找到的。这些枪都是谁的？在纽约，单纯持有无证的手枪就能将他们送进监狱。

▲ 证人纳塔妮亚·鲁本描述了手枪开火时夜店里混乱的景象。从左开始：辩护律师本·布拉福曼、鲁本、肖恩·库姆斯、法官查尔斯·所罗门、律师约翰尼·科克伦。

___画家的视角___

吹牛老爹极有号召力，乐于与法庭上的我们互动。他对我给他画的肖像很感兴趣，总体上也对艺术很感兴趣。他甚至邀请我去参加每年夏天他在东汉普顿举行的年度盛典。"如果这次结局是好的话。"他闪烁其词地轻声道。我希望我可以有机会去。从左开始：地区助理检察官马修·博格达诺斯、法官查尔斯·所罗门、辩护律师本·布拉福曼、共同被告贾马尔·巴罗、库姆斯、司机沃德尔·芬德森。

检察官声称，这里就是贿赂的关键。那晚，芬德森从SUV里面出来时已经准备好背黑锅。他两次告诉警方座位下的这把9毫米口径手枪是他的。接着他又改变了说辞。芬德森作证说，库姆斯给他5万美元，让他声称自己是枪的主人。检方播放了库姆斯遗留在芬德森电话留言机上的一条消息，里面说他希望让芬德森感到"舒服"。检方认为这条消息确认了贿赂的存在。但本案中早些时候，芬德森告诉大陪审团，库姆斯的电话只是种礼貌，因为他丢了白天的工作。然而，在纽约州法律中，检方需要补强证据，芬德森被认为是共谋犯，因此，库姆斯不能仅根据他的证言被定罪。因为电话留言语焉不详，在陪审团开始审议时，贿赂指控显得很薄弱。

　　在进入陪审团房间的22个小时后，陪审团宣布了裁断。虽然巴罗被定罪为企图伤害和危害他人安全，但在更严重的谋杀未遂指控上他未被定罪。库姆斯和他的保镖琼斯在所有罪名上都没有被定罪。库姆斯得在听完他的共同被告们的裁断结果后才能知道自己的结局，这成为了一个紧张的高潮时刻。"无罪"两字宣布时，他抓住了《圣经》。他离开了法庭，叫来了孩子，放弃参加胜利派对，而是选择去了教堂。

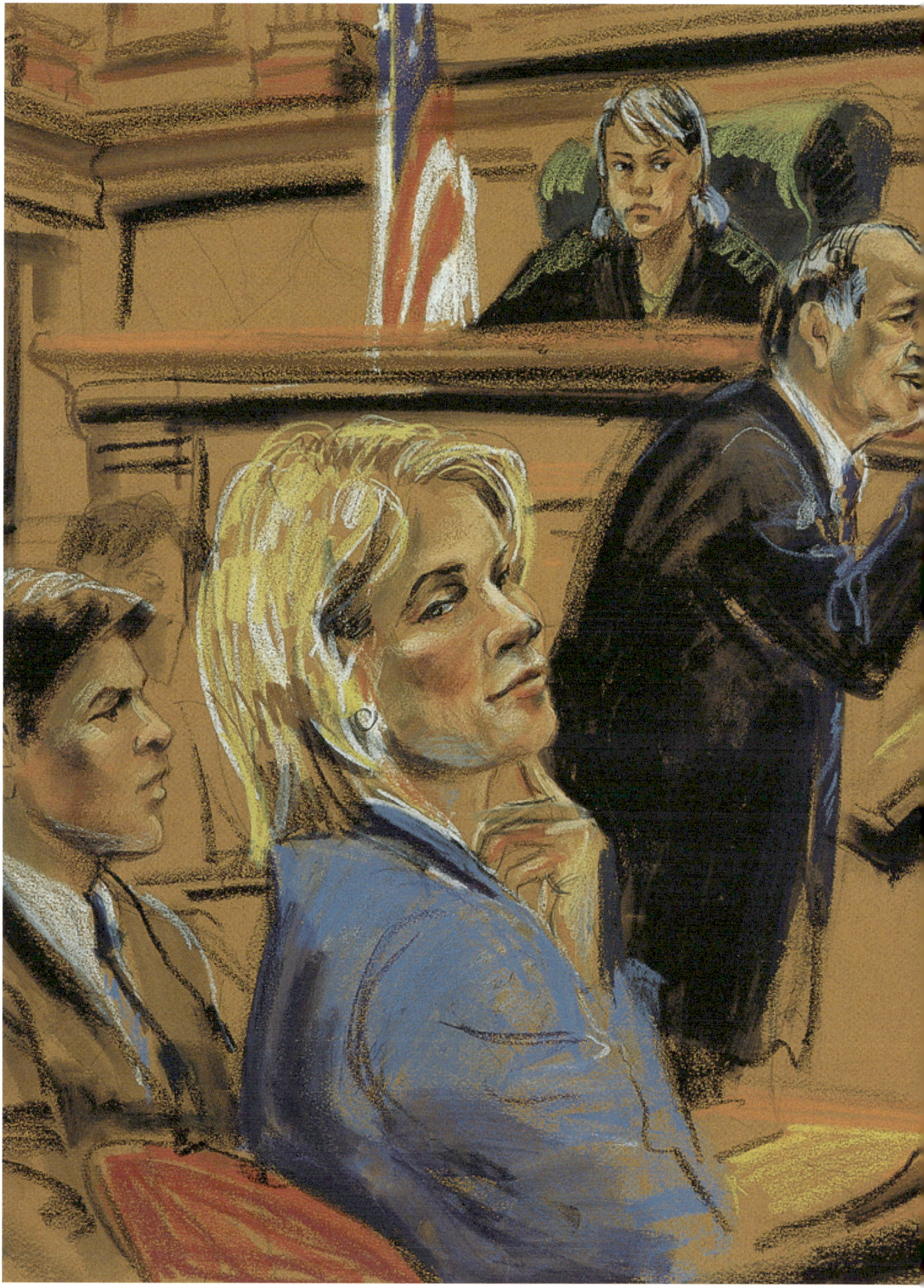

速写美国名案 167

美国

诉

马莎·斯图尔特及彼得·巴卡诺维奇案

年　份：2004 年

地　点：纽约州纽约市

指　控：对联邦调查员进行虚假陈述、共谋犯罪、

　　　　阻碍审判、伪证（巴卡诺维奇）

裁　断：有罪（巴卡诺维奇：伪证方面无罪）

刑　罚：10 个月（入狱 5 个月，家中监禁 5 个月）

法　官：米里亚姆·戈德曼·锡达鲍姆

检察官：卡伦·巴顿、西摩、迈克尔·沙克特

辩护律师：罗伯特·莫文洛、沃尔特·德林杰、

　　　　 大卫·切斯诺夫、理查德·斯特拉斯伯格

马莎·斯图尔特：
受审的文化偶像

　　马莎·斯图尔特不仅是个 CEO，她还是位明星。她的音容笑貌就能让人陷入诱人的幻象——整洁美丽的家庭。她通过电视节目和杂志让百万民众熟知自己，也依靠这些将完美的家务整理技能提升为一种艺术形式，受到众人的赞美和模仿。她正是马莎·斯图尔特生活全媒体公司的代言人，这家公司是一个销售包括亚麻制品、家具以及生活装饰品在内的生活风格产品的帝国。她根据美国家庭处理家务的理念创

◀ 马莎·斯图尔特案中的终结辩论。从左开始：彼得·巴卡诺维奇、斯图尔特、法官米里亚姆·戈德曼·锡达鲍姆、辩护律师罗伯特·莫文洛、陪审员。

画家的视角

马莎·斯图尔特可能是位杰出的商业女性，但她的知识并未涵盖法庭事务。她坐在那儿，表情是纡尊降贵和轻蔑的，似乎感到很无聊，也没有耐心。她又小又黑的眼睛怒目而视，嘴巴紧闭。她似乎不敢相信陪审团会将她定罪，然而他们的确那么做了。她穿得很漂亮，但她的头发习惯性地遮住了她的半张脸。也许她是故意的。她似乎享受这种掩饰。从左开始：共同被告彼得·巴卡诺维奇、斯图尔特、法官米里亚姆·戈德曼·锡达鲍姆、证人道格拉斯·范努、联邦助理检察官安东尼·卡伦·西摩。

造了商业财富，这项能力也让她获得了众多终日劳作在价值被低估的工作场所的观众们的喜爱。而联邦调查员却坚信，这位杰出的商界女性一定在某些方面有问题。因为斯图尔特曾在某家生物技术公司因实验抗癌药物上的坏消息而股价暴跌的前夜，抛售了该公司的股票。

然而，最终并非是因为这项交易，而是她的不配合把她带到了法庭，并且使她最终入狱。

2001年12月28日，斯图尔特出售了她持有的英克隆公司的股票，这恰好发生在这家公司的癌症药品被食品药品监督管理局拒批之前，也是公司的创始人山姆·威克萨尔被建议采取紧急行动的一天后。威克萨尔在获知坏消息的几个小时内抛售了他的股票，最终被定罪为内部交易。由于威克萨尔是斯图尔特的朋友，就在那场调查刚开始时，联邦人员就找上门来。

斯图尔特的股票经纪人彼得·巴卡诺维奇告诉美国证券交易所的调查员，他得到斯图尔特的指示，一旦股价跌到每股60美元以下，就出售股票。但联邦人员认为这只是借口。斯图尔特意识到她遭到了各种怀疑，于是展开了一系列活动，希望转移调查员的注意力，同时抚慰她公司的投资者。她通过一个私人网站公开宣称她的清白，而这似乎激怒了联邦调查员。在她最终被指控欺骗联邦调查员并且合谋阻碍审判时，她在网站上的声明在另一指控中被引用，并被指控误导马莎·斯图尔特生活全媒体公司的股东。

审判中，陪审团听取了巴卡诺维奇的助理道格拉斯·范努的证词，他说，巴卡诺维奇让他告诉斯图尔特，威克萨尔正在抛售他的股票。斯图尔特的一位助手安·阿姆斯特朗作证说，斯图尔特在股票交易那天改动关于巴卡诺维奇来电的信息日志时，显然已经在考虑股票交易了，她把"……英克隆的交易价格要开始下降了"改成简单的"主题：英克隆"，但后来又改了回去。斯图尔特的朋友玛丽安娜·帕斯特纳克同样作证说斯图尔特知道威克萨尔的交易，并曾说有人"告诉你那些东西"是多么"好"啊。帕斯特纳克在交叉询问时削弱了意见，说这可能是她的个人理解。

审判吸引了斯图尔特的支持者，他们来到弗利广场联邦法院外面的人行道上。许多人举着标识宣称斯图尔特是检察官过度履职的受害者。就在陪审团开始审议之前，法官米里亚姆·戈德曼·锡达鲍姆否决了网站评论导致的对斯图尔特涉嫌证券欺诈的指控。卫星电视车在街上排成队，受到联邦法院事务官严密防卫的牵制。陪审团审议了两天，确认了斯图尔特和共同被告巴卡诺维奇的阻碍审判和共谋之罪。斯图尔特屈服了，并在西弗吉尼亚开始了为期5个月的监狱服刑，尽管她的律师还在为其被判的罪名上诉。2005年3月，她被释放，继续在纽约家中以在家监禁的方式服刑。

名人画廊

Celebrity Gallery

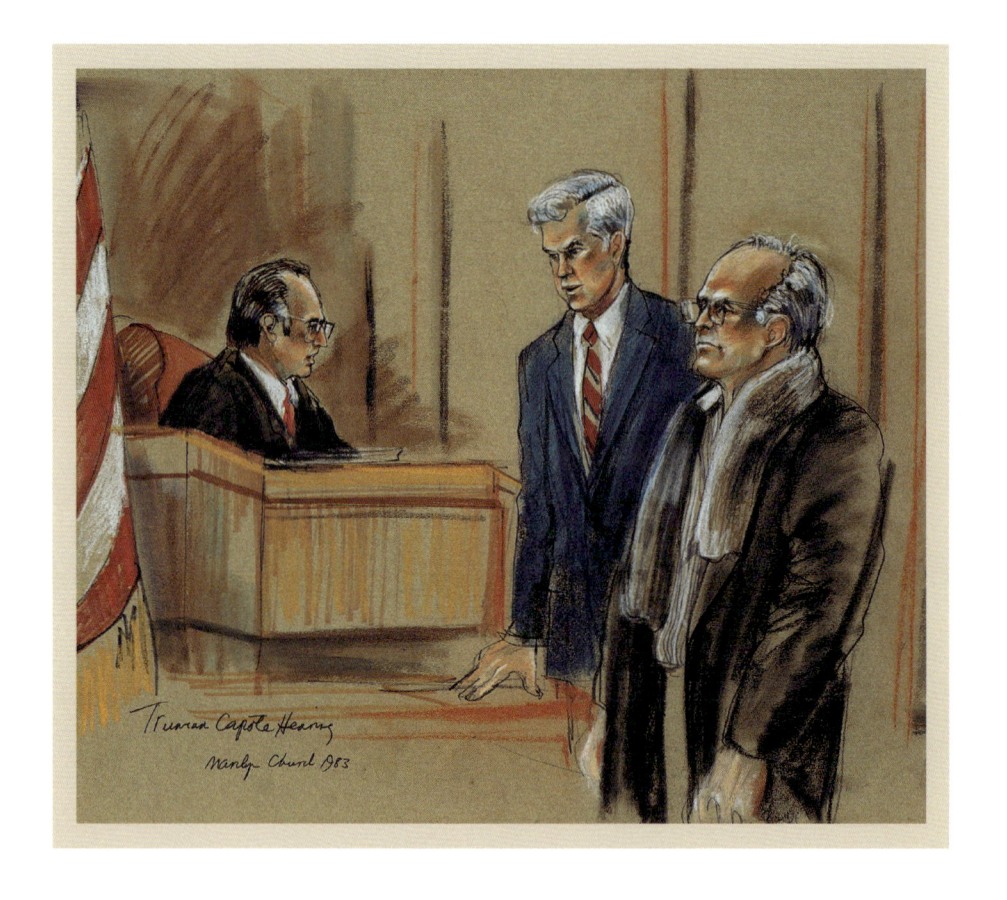

杜鲁门·卡波特

1983 年，杜鲁门·卡波特因为酒驾在汉普顿斯被诉。他是《蒂凡尼的早餐》和《冷血杀手》的作者，一直是我的心头最爱。看到他沦落为一个衣冠不整的老人，我很震惊。他的头发没有梳理，穿着一件过大的外套，看着令人怜悯。尽管这是他第二次犯罪，但他认了罪并通过上交驾照来避免入狱。他早早地赶到法庭，我瞅准机会，当面画他。他似乎并不介意。他顽皮的笑容是亲切而友好的。

左起：法官保罗·H. 史密斯、律师唐纳德·莫里斯、卡波特。

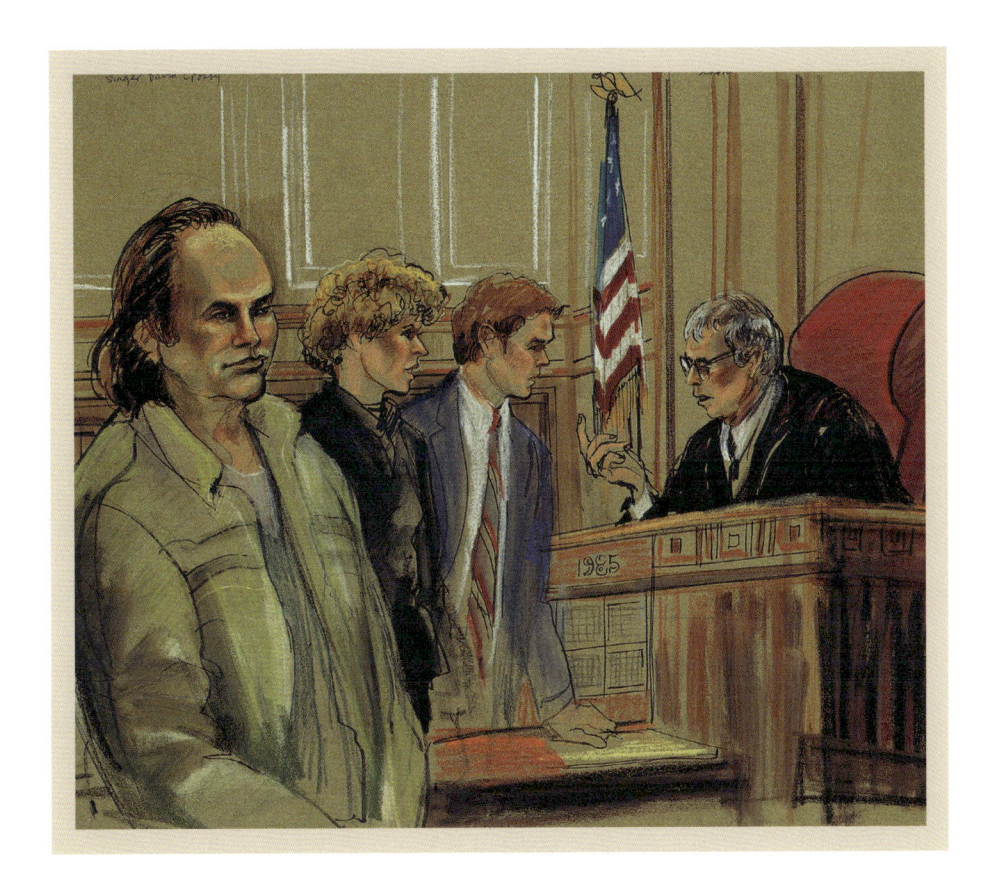

大卫·克罗斯比

1985 年，在摇滚歌手大卫·克罗斯比因为持有可卡因而被带到曼哈顿法官面前时，他看上去自大又困惑。这位歌手曾经是飞鸟乐队和克罗斯比、斯蒂尔斯和纳什组合的成员，在达拉斯一家夜店出事后因有关毒品和枪支的指控而被定罪，而此时他正在进行戒毒治疗。得克萨斯政府允许他转到新泽西州萨米特的费尔奥克斯治疗中心接受治疗，但克罗斯比离开了那里，出去吸毒、喝酒狂欢。纽约警局的警察说找到他时，他的口袋中有可卡因。他在市监狱待了两周，直到郡县治安官带他回得克萨斯。

左起：克罗斯比、律师桑德拉·哈伯斯塔姆、地区助理检察官丹尼尔·麦克纳尔蒂。

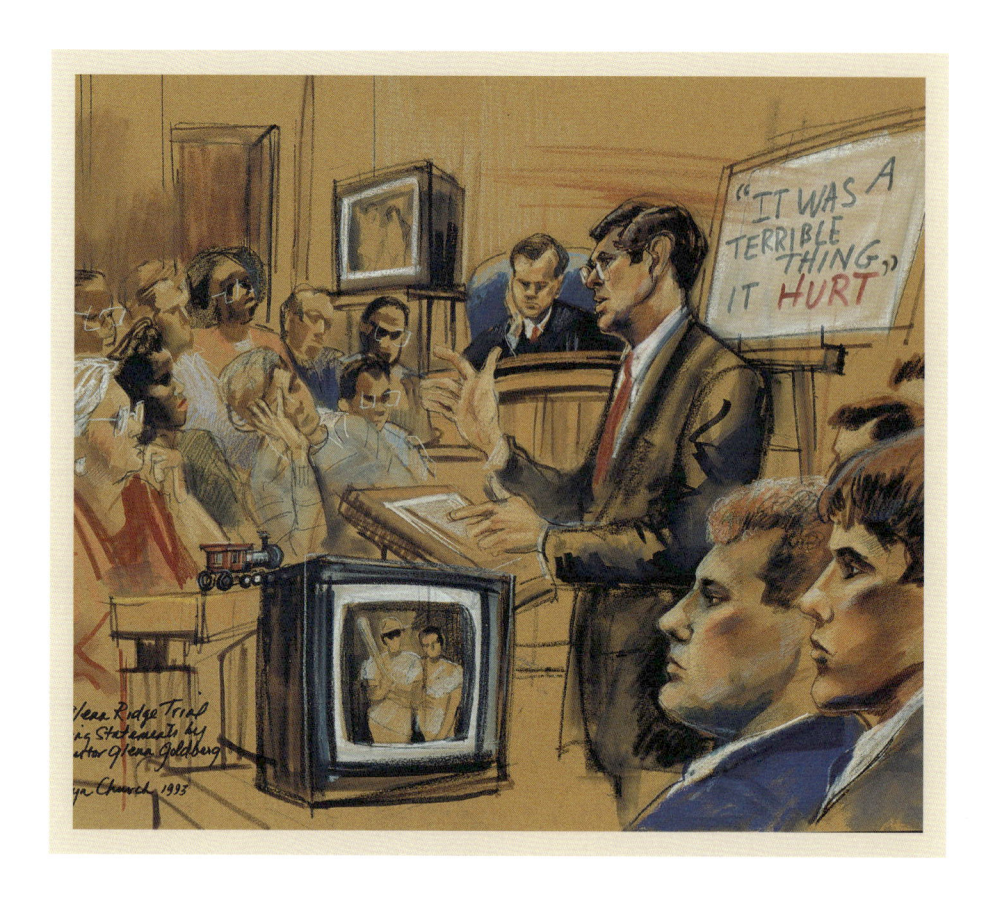

格伦里奇橄榄球运动员

在这场引起轰动的庭审中，四名来自新泽西州格伦里奇的高中橄榄球明星因为性侵一名有智力障碍的女孩而被定罪。这起 1989 年发生的攻击案件用到了棒球棍和扫帚柄。因为对于哪个人应被起诉，以及他们是以成年人身份还是未成年人身份受审有争议，庭审被推迟到 1992 年。其中三个人被定罪为性暴力，第四个人则被定为共谋犯罪。1997 年，上诉法院部分推翻了判决。被告布赖恩特·格罗比被判缓刑。克里斯托弗·阿彻、凯文·薛兹尔、凯尔·薛兹尔因为严重性暴力被判 7 年刑期。1999 年，在未成年之时犯下罪行的十年后，他们获得了假释。

左起：法官本杰明·科恩、检察官格伦·戈德堡、格罗比和阿彻。

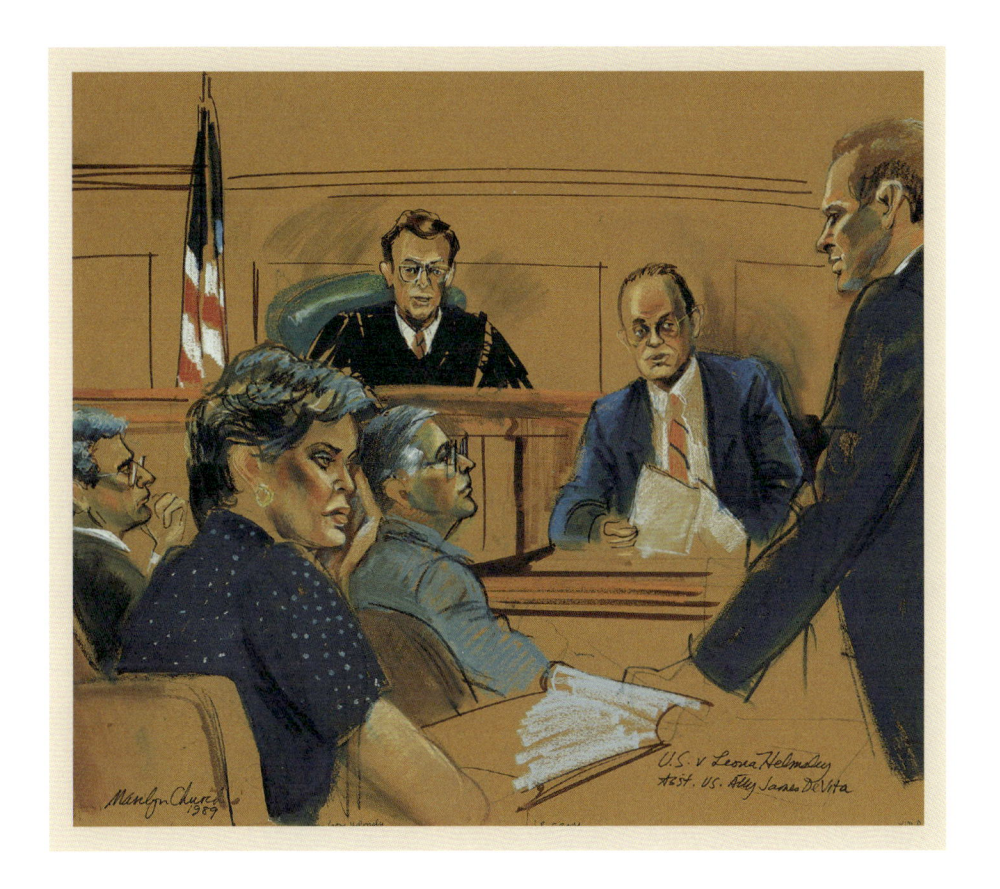

利昂娜·赫尔姆斯利

　　这是1989年,因为对待雇员很严苛,利昂娜·赫尔姆斯利被称为"刻薄女王"。她将赫尔姆斯利酒店的钱用做私人花销。在这里,证人席上的证人是众多作证者之一,他们作证她和共同被告——全部的会计"改账本"。虽然赫尔姆斯利的表情似乎一直是愤怒和阴沉的,但她看上去美极了。那时她已是71岁高龄,但看上去仍拥有20岁女性的身材。我很疑惑这怎么可能,因此当我在女休息室碰到她时,问她这是怎么做到的。她回答说:"我每天锻炼5个小时,包括游泳。"她接着补充,"我是个早起者。"赫尔姆斯利因为逃税被定罪,她坐在前排。法官约翰·M.沃克主审。联邦助理检察官詹姆斯·德维塔站在右边。

阿尔杰·希斯

  阿尔杰·希斯案让年轻议员理查德·尼克松崭露头角，而直到这位前总统过世，此案仍悬而未决。希斯曾是富兰克林·德拉诺·罗斯福政府的官员，1948年被指控为苏联间谍。当时理查德·尼克松就职于非美活动委员会。1950年，希斯在此案中被定为伪证罪，被判在联邦监狱服刑三年半。希斯聪明、傲慢，坚信自己无罪，直到1996年过世前还想着恢复名誉。1980年，联邦法官理查德·欧文拒绝撤销伪证罪名。向最高法院提出上诉也未获得成功。

左起：法官理查德·欧文，律师维克多·拉比诺维茨（站着的），希斯（最右边）。

Celebrity Gallery 名人画廊 177

艾比·霍夫曼

  政治活动家、青年国际党（或称"雅皮士"）的创始人、*Steal This Book* 和 *Woodstock Nation* 的作者，阿比·霍夫曼因为政治宣传的噱头和不断涉诉而广为人知。激进律师威廉·孔斯特勒说，"他教会人们如何将剧院变为政治集会"，但当权者并不会总感到愉快。1981 年我画他时，他站在法官面前，双臂交叉，脸上带着蔑视的神情。这次，他因为在 1973 年可卡因指控案件的保释中逃脱而被逮捕。隐姓瞒名地生活了 8 年后，就在他的新书 *Soon to be A Major Motion Picture* 即将出版时，他重现身影。

左起：霍夫曼、律师杰拉德·来福考特、地区助理检察官大卫·坎宁安、法官米尔顿·威廉姆斯。

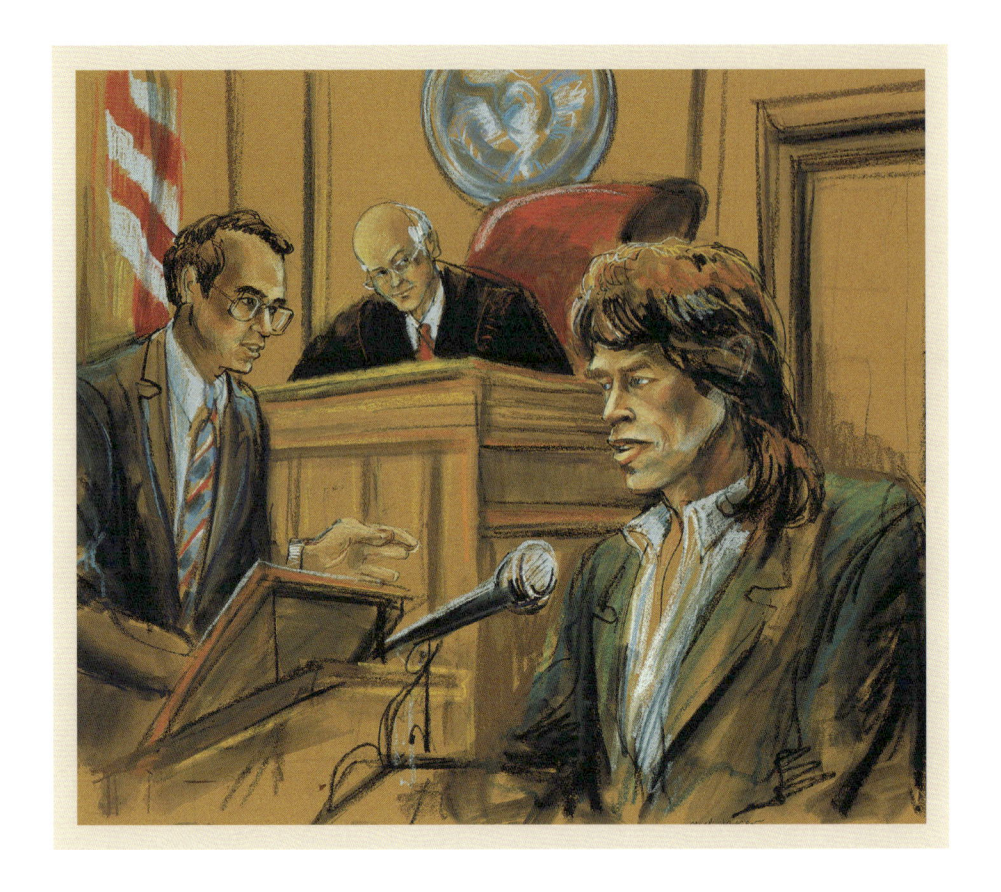

米克·贾格尔

  1988 年，米克·贾格尔出庭作证。他被另一个作曲者帕特里克·阿利告上了法庭。阿利宣称贾格尔的歌 *Just Another Night* 剽窃了他的作品。两首歌有类似的雷鬼乐节奏、相同的标题和相似的歌词。陪审团需要判定是剽窃，还是只是巧合。法官和法庭上大部分听过歌的人都同意，贾格尔应该是有罪的。直到贾格尔的律师彼得·帕彻叫来了音律方面的专家，让他用一个手指演奏每首歌的曲调，两首歌的节奏听上去才完全不同。尽管贾格尔以及他的音乐与法庭是格格不入的，但这位摇滚明星的回答总是冷静、镇定和简明。最终，他胜诉了。

左起：帕彻、法官托马斯·格里萨、贾格尔。

强生公司

  这个在私人健康护理产品行业大名鼎鼎的品牌所创造的财富,在 1986 年成了一场艰难的法庭之战所争夺的对象。苏厄德·约翰逊过世,将他五亿美元的巨额财富留给了妻子芭芭拉,芭芭拉曾是一个旅馆服务员,几年前才与他结婚。约翰逊的七个孩子象征性地得到了一笔钱,他们在联邦法庭起诉,宣称他们对财产具有所有权。他们坚称苏厄德·约翰逊年迈糊涂,被他强横的年轻妻子恐吓。芭芭拉则反击说,正是子女们令人尴尬的公开行为才促使他们的父亲没有把财富交给他们。最后,每个子女获得了大约 700 万美元。

左起:法官玛丽·兰珀特和律师爱德华·赖利。约翰逊(身着白衣)坐在她的律师尼娜·查格边上。(本案结束后,尼娜和他的丈夫蒂姆一起创办了《查格餐馆指南》。)约翰逊的部分子女和他们配偶坐在右边。

卡洛琳·肯尼迪

1981 年，这位前总统的女儿作为证人出庭作证。本案中受审的是一个在纽约大街跟踪她的男子。肯尼迪在大都会艺术博物馆工作时，凯文·金接近了时年 23 岁的她，他说一种"奇怪力量"把他们连接在一起。金是来自加利福尼亚州帕洛阿尔托的法学院毕业生，他把他的纽约之行称为"爱情任务"。这次"任务"包括多次探访肯尼迪公寓，向她家寄去奇怪的信件，其中部分被当庭朗读。金被定罪为严重骚扰和非法侵入。

左起：肯尼迪、法官约翰·布拉德利、地区助理检察官安东尼·艾伦·波拿巴、凯文·金。

唐·金

  当唐·金出现在房间里时，每个人看上去都变小了。这位拳击比赛赞助人因为穆罕默德·阿里和乔治·福尔曼的"丛林争夺战"而广为人知。1984年，他因为联邦逃税指控而遭到起诉。金站在法官面前，顶着他那头高耸的圆锥形白发，检察官正在概述金将工作上的钱挪作私用。他在法庭上看上去似乎与他的公共形象不太一致，在作出"无罪"答辩时，他没有戴钻石戒指和珠宝，而是穿着一套保守的西服。法庭之外，他发誓会击溃所有指控，最终他成功了。

左起：律师罗恩·曼、文森特·富勒、金、共同被告康斯坦斯·哈珀、律师弗雷德里克·黑菲斯、法官惠特曼·纳普。

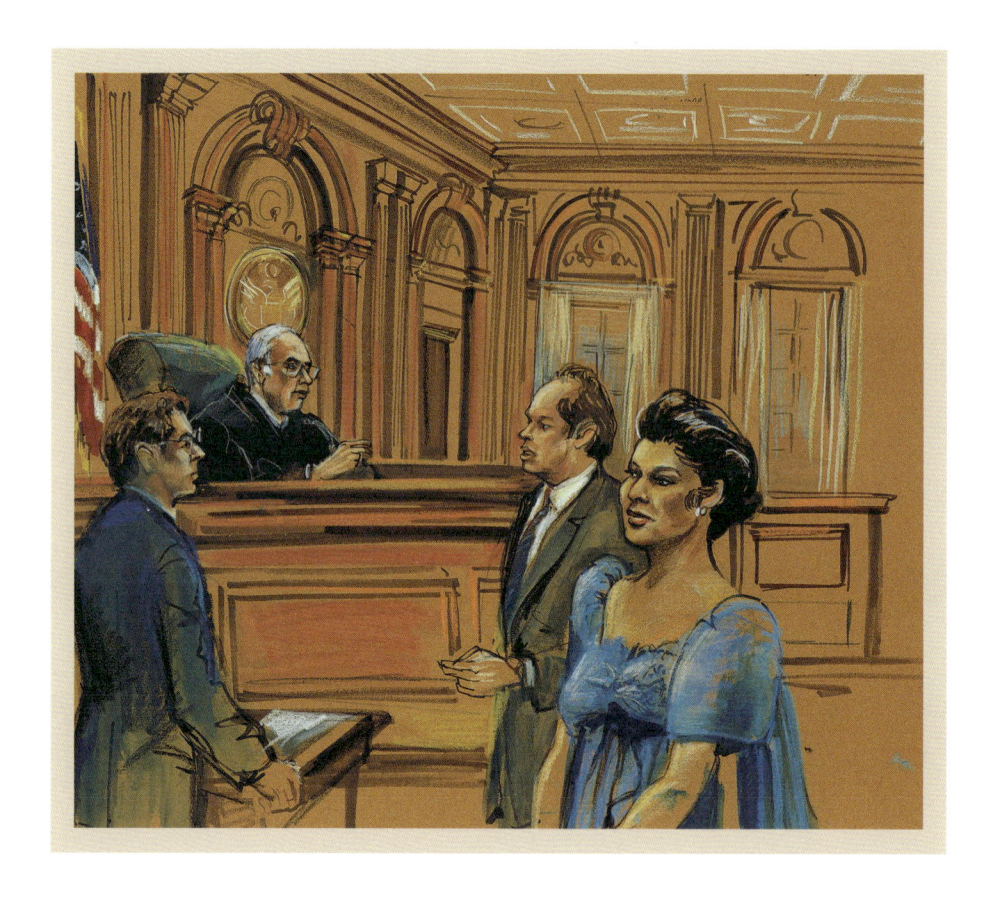

伊美黛·马科斯

  1989 年，一个极为寒冷的日子里，曾为菲律宾第一夫人的伊美黛·马科斯走进曼哈顿的联邦法院。她当时穿的就是图中所画的衣服。她身穿一件全身晚礼服，未着外套，应答对她的指控，即在她丈夫掌权的数年间夺取菲律宾财产，在美国用于投资。她的丈夫费迪南德·马科斯几个月前在流亡中过世，新一届菲律宾政府正在尝试追回失踪的财产。共同被告阿德南·卡秀吉被指控帮助她隐藏其中的一些投资。他们都被陪审团宣告无罪，陪审团似乎很奇怪为何本案会出现在美国法庭之上。

左起：联邦助理检察官查尔斯·拉贝尔、法官约翰·F.基南、律师约翰·巴特克、马科斯。

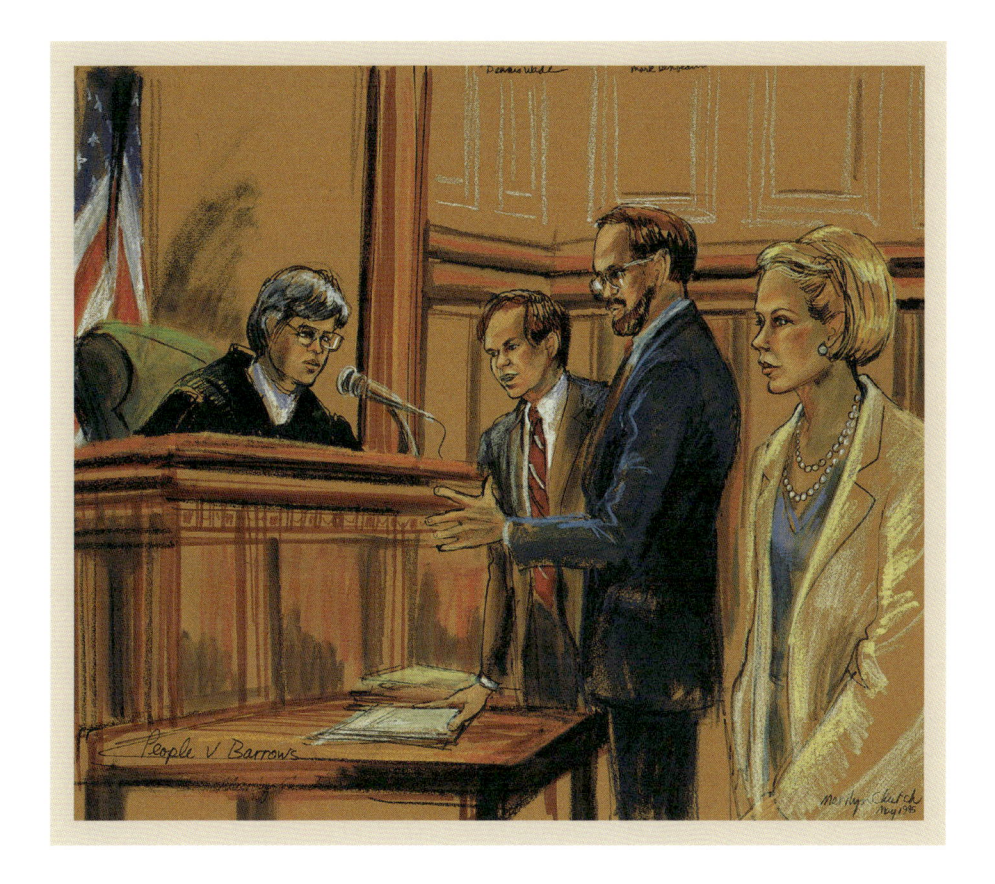

五月花夫人

  1985年，悉尼·比德尔·巴罗斯，两位五月花清教徒的后代，被指控在曼哈顿运营高级妓院，答辩时，她显得既平静又优雅。这个35岁的女人认下了四级促进卖淫的罪名，被罚5000美元，但不用进监狱。如果她否认指控，警方和地区检察官办公室将公开收到的证据，包括她客户名单上那些知名顾客的名字。认罪后，相关文件还给了她，她的客户姓名仍然保密。巴罗斯后来成为了一个作家，也成了讲述她人生的一部电视电影的主角。

左起：法官布伦达·索洛夫、地区助理检察官丹尼斯·韦德、律师马克·丹伯、巴罗斯。

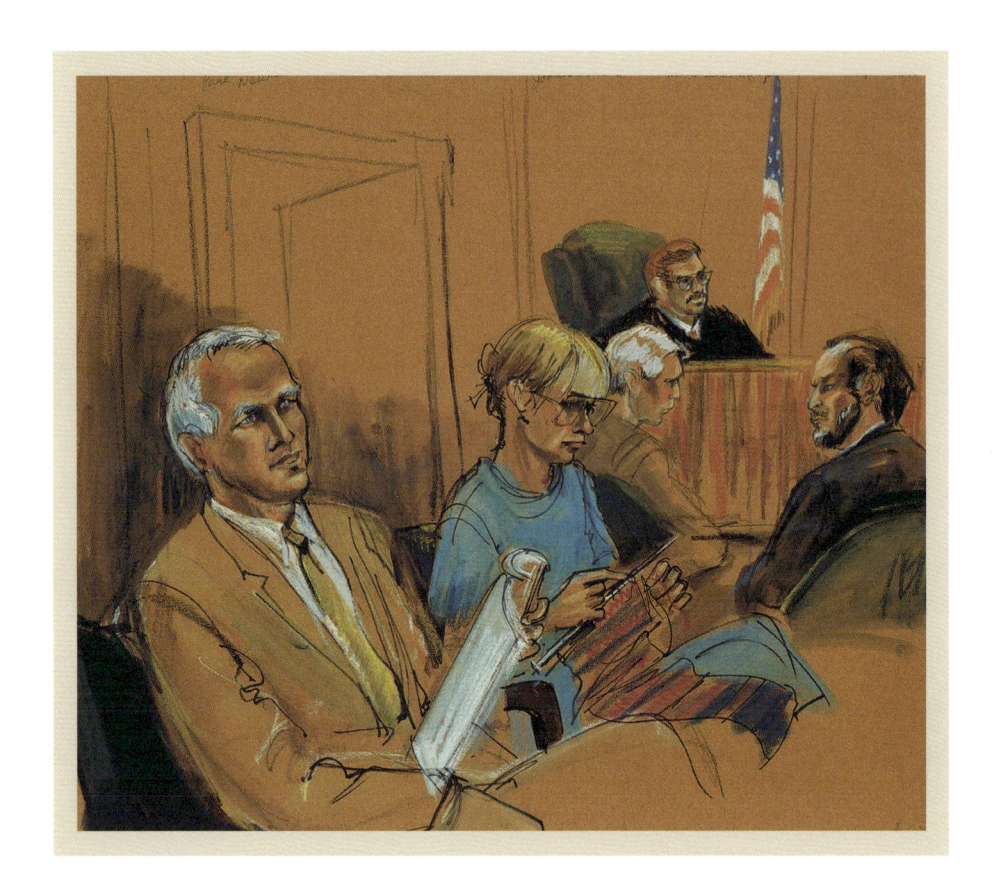

保罗·纽曼

  因为他那广为流行的纽曼私传沙拉酱，传奇演员保罗·纽曼在 1990 年康涅狄格州法院的一场民事诉讼中成为被告。韦斯特波特熟食店的店主朱利叶斯·古尔德宣称，沙拉酱的配方是他所有的，纽曼曾经承诺会分他一部分销售提成。在质证过程中，纽曼是放松和友好的，而他的妻子，女演员乔安娜·伍德沃德则忙着织东西。他们不时伸手去拿伍德沃德带到法庭的那袋巧克力曲奇。陪审团认为纽曼从未答应给古尔德一部分公司收益，而这部分收益都被捐给了公益事业。

左起：纽曼、伍德沃德、律师理查德·阿尔布雷克特、法官霍华德·佐罗斯基、古尔德。

杰基·奥纳西斯

  杰奎琳·肯尼迪·奥纳西斯向法院申请向一位名人摄影师进行索赔，后者以拍摄这位前第一夫人为专长。她于1982年起诉罗恩·加莱拉的案件旨在设立最低限度的隐私界限。每天，我在法庭上都坐得离她很近。她看上去很放得开，乐意被别人描绘。但她很少说话，记者们询问她时只会点头和微笑。

  奇怪的是，很少能看到她那广为人知的高级时装。大部分时间里，她穿着同一件棕色衬衫来到法院，这件衣服是人造纤维做的，曾经很好看，但现在已今非昔比，并且开始起球。在作证描述加莱拉的不断骚扰时，她的声音轻柔、甜美而又含蓄。

左起：律师爱德华·赖利、加莱拉、法官欧文·本·科珀、奥纳西斯。

小野洋子

当音乐制作人杰克·道格拉斯在一起民事诉讼中将小野洋子告上法庭时,她还在因为丈夫约翰·列侬的死亡而痛苦。道格拉斯想从列侬的最后两张专辑《双重幻想》和《奶与蜜》中获利。证人席上,这个身形苗条的女人变成了一条梭鱼。当她在座位上转动时,声音抬高,双眼散发出挑衅的光芒,猛烈回击所有问题,将道格拉斯的诉求称为"过分无礼的"。但是,这是一场失败的战役。陪审团要求她支付费用。

左起:小野洋子、法官马丁·斯特克。

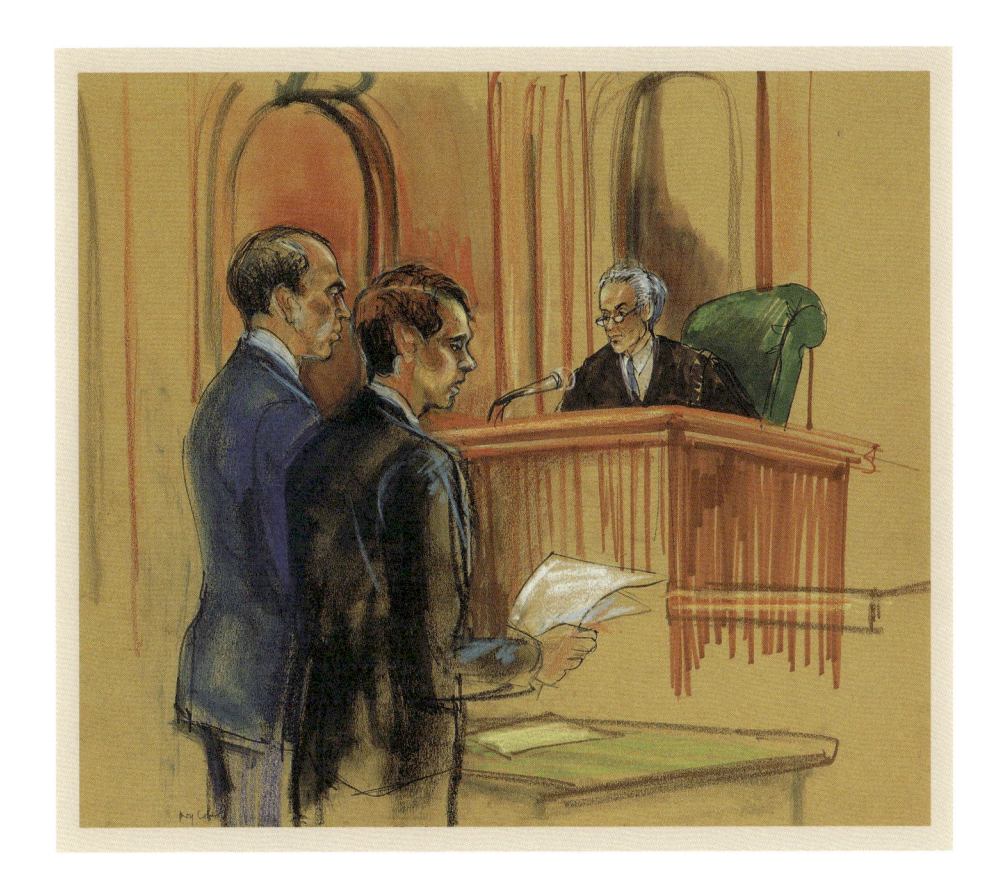

史蒂夫·鲁贝尔

　　1979年，这位著名的54俱乐部的共同所有人在逃税指控上认罪。史蒂夫·鲁贝尔是个有影响力的人物，将曼哈顿第五十四街的古老电视演播室变成世界上最知名的夜店。人们不分昼夜地在路边排队，只为有机会和那些富人、名人以及臭名昭著者在闪光灯下共舞。鲁贝尔和他的合伙人伊恩·施拉格，从这个时尚夜总会赚了超过一百万美元。两人因为宣称吉米·卡特的白宫办公厅主任汉密尔顿·乔丹曾经在店里吸取可卡因而尤其轰动一时，而联邦调查最终并未发现吸毒证据。鲁贝尔和施拉格被判入狱三年半。

左起：律师罗伊·科恩、史蒂夫·鲁贝尔、法官理查德·欧文。

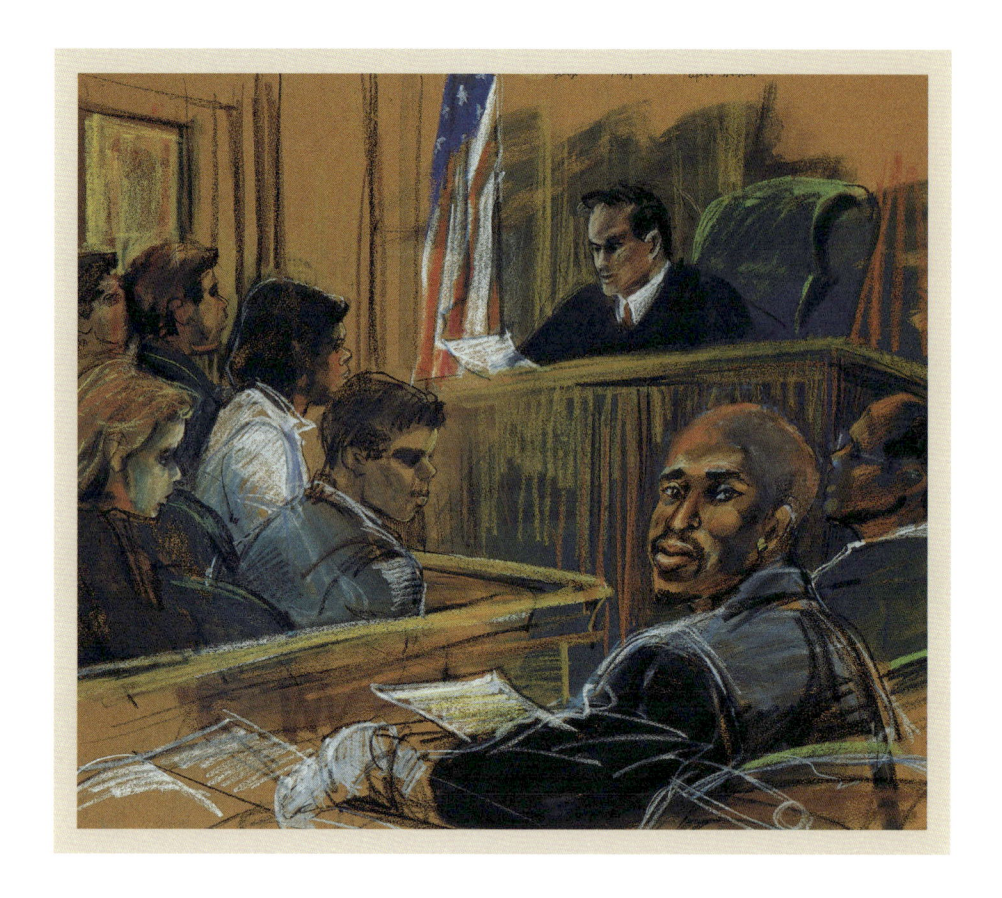

图帕克·沙库

　　1995年的庭审中途，图帕克·沙库带着骨折的手出现，一如既往地维持着他那生活在危险边缘的形象。一名女性指控他将约会变得凶险，沙库被描述为是无情而冷漠的，他的周身通常让人觉得带有威胁性。他在法庭上经常变换姿势，有时候怒目而视或者摇头以表示否认。其他时候则是脸上带着无辜的表情环视法庭，似乎是告诉所有人，他确实只是一个无害的、喜欢作乐的人。我看到了他极具吸引力的个性中截然不同的两面。

左起：陪审员、法官丹尼尔·菲茨杰拉德、沙库。

阿尔·夏普顿

当关涉种族主义的霍华德沙滩案的混合裁断作出时，庭审者们爆发了。1986年，八个被告被控在以白人为主的街区霍华德沙滩攻击三个黑人。其中一个黑人为了躲避暴动逃到了附近的公路上，并因此丧生。三个白人被告被定罪为非预谋杀人，另三个被定罪为二级暴乱，还有两个被无罪释放。作为其中的核心人物，牧师阿尔·夏普顿领导了一场集会，以谋求在本案中任命一位特殊检察官。在宣布裁断时，他一跃而起，把一些愤怒者拉回来。这幅画必须画得很快，有些笔触是在本图被带离法庭以供新闻简讯录制前的片刻添加的。

布鲁克·希尔兹

  17 岁的女演员、模特布鲁克·希尔兹惊讶地听取她的母亲泰瑞作证指控一位摄影师,后者在布鲁克十岁时,为她拍摄了一些挑逗性的照片。1983 年的这场法庭行动是阻止摄影师加里·格罗斯展示希尔兹裸体照的最后一招。希尔兹现在是普林斯顿大学的大一新生。1975 年,泰瑞·希尔兹因为这些照片获得了 450 美元。法庭判决认为这些照片并非色情作品,同时提出希尔兹以"性感主导的宣传"开创了她的事业,最为明显的例证是那个时候在电视上播放的为 Calvin Klein Jeans 拍摄的暗示性广告。

左起:检察官桑铎·弗兰克尔、布鲁克·希尔兹、法官埃利奥特·威尔克、泰瑞·希尔兹。

Celebrity Gallery　　　　　　　　　　　　　　　　　　　　名人画廊　191

特朗普离婚案

　　律师杰·戈德堡手持这场 1990 年离婚案的核心文件——唐纳德·特朗普和伊凡娜·特朗普的婚姻开始瓦解前刚更新过的一份婚前协议。这位曾经的模特、竞技滑雪运动员宣称这份文件是无效的，因为在协议变动时，唐纳德已经和玛拉·梅普尔斯好上了。（梅普尔斯后来成了第二任特朗普太太。）尽管这份婚前协议的封顶赔偿金为 2500 万美元，最后双方还是达成了共识，伊凡娜可以拿到 1400 万美元、六位数的赡养费和子女抚养费，以及他们在康涅狄格州的豪宅。与这位交易大师一起生活，似乎让伊凡娜学有所得。

左起：唐纳德·特朗普、伊凡娜·特朗普、法官菲利斯·甘奇尔雅各布、杰·戈德堡。

锡德·威瑟斯

  1978 年，朋克摇滚乐手锡德·威瑟斯，性手枪乐队骨瘦如柴的贝斯手，被指控在吸毒时刺伤并谋杀他的女友南希·斯普更。他是我在法庭中见到过的最可怖和憔悴的人。我选择了最苍白的肤色来表现他孱弱的外貌。他的一些朋克朋友出席了预审听证，发型和着装一个比一个奇怪。他的律师詹姆斯·梅伯格试图让他通过保释被释放，这在那个时候似乎是不同寻常的，最终也表明这是不明智的。他后来又因为被指控攻击而被捕，第二次入狱、第二次获得保释。第二次从监狱释放的几个小时后，他死于吸食过量海洛因。

克劳斯·冯·布洛

虽然在之前的刑事审判——试图谋杀他的罗德岛名媛妻子上他被定为无罪,但1987年,克劳斯·冯·布洛的法律麻烦远不止于此。桑妮·冯·布洛上一段婚姻中的子女起诉他,要求5700万美元的赔偿,坚称布洛给他们的母亲注射大量的胰岛素而导致了她不可逆转的昏迷。高大、优雅而傲慢的他继续为自己的清白抗辩,但在拖沓的作证中,庭审的压力开始造成伤害。冯·布洛倒下了,入院治疗,最后达成庭外和解。最终,他同意与桑妮离婚,放弃因为她的死亡可能会继承的所有钱。

左起:律师内森·德肖维茨、冯·布洛、律师哈罗德·泰勒、法官约翰·沃克、律师迈克尔·阿姆斯特朗。

译名对照表

A

阿博特，杰克·亨利	Abbot, Jack Henry
阿卜杜拉，汉森	Abdellah, Hassen
阿布哈利马，马哈茂德	Abouhalima, Mahmud
阿布拉莫维茨，埃尔肯	Abramowitz, Elkan
阿克曼，A. 伯纳德	Ackerman, A. Bernard
阿科斯塔，卡洛斯	Acosta, Carlos
亚当斯，山姆	Adams, Sam
阿德尔曼，罗杰	Adelman, Roger
阿丹，理查德	Aden, Richard
阿德勒伯格，霍华德	Adlersberg, Howard
阿贾杰，艾哈迈德	Ajaj, Ahmad
阿尔伯特，赫伯特	Albert, Herbert
阿里，希迪格	Ali, Siddig
艾伦，伍迪	Allen, Woody
阿利，帕特里克	Ally, Patrick
奥尔特，埃莉诺	Alter, Eleanor
阿彻，克里斯托弗	Archer, Christopher
阿姆斯特朗，安	Armstrong, Ann
阿姆斯特朗，迈克尔	Armstrong, Michael
阿姆斯特朗，保罗	Armstrong, Paul
阿蒂斯，约翰	Artis, John
阿特拉斯，杰弗里	Atlas, Jeffrey
奥尔诺，乔尔	Aurnou, Joel
阿雅德，尼达尔	Ayyad, Nidal

B

婴儿 M 案	Baby M Trial
巴卡诺维奇，彼得	Bacanovic, Peter
巴拉贡，库瓦斯 见威姆斯，唐纳德	Balagoon, Kuswsi. See Weems, Donald
巴拉迪尼，西尔维亚	Baraldini, Sylvia
巴尔，托马斯	Barr, Thomas
巴罗，贾马尔·"薛尼"	Barrow, Jamal "Shyne"
巴罗斯，悉尼·比德尔	Barrows, Sydney Biddle
巴特克，约翰	Bartko, John
贝尔多克，迈伦	Beldock, Myron
贝尔，霍华德	Bell, Howard
贝洛，艾尔弗雷德	Bello, Alfred
伯格曼，马文	Bergman, Marvin
伯科威茨，大卫	Berkowitz, David
黑人解放军	Black Liberation Army
博格达诺斯，马修	Bogdanos, Matthew
博伊斯，大卫	Boies, David
博伦，乔治	Bolen, George
波士顿，辛西娅	Boston, Cynthia
博丁，凯西	Boudin, Kathy
博丁，伦纳德	Boudin, Leonard
鲍尔，约翰	Bower, John
鲍曼，史蒂文	Bowman, Steven
布拉德利，约翰	Bradley, John
布雷迪，吉姆	Brady, Jim
布拉福曼，本杰明	Brafman, Benjamin
布雷斯林，吉米	Breslin, Jimmy
布朗，塞缪尔	Brown, Samuel

布洛，克朗斯·冯	Bulow, Claus von
波拿巴，艾伦	Buonpastore, Alan
伯恩斯，纳撒尼尔	Burns, Nathaniel
伯特，丹	Burt, Dan
布什，杰拉尔德	Bush, Gerald
布达福克，乔伊	Buttafuoco, Joey
布达福克，玛丽·乔	Buttafuoco, Mary Jo

C

凯比，达雷尔	Cabey, Darrell
凯恩，梅拉尼	Caine, Melanie
坎蒂，特洛伊	Canty, Troy
卡伯特，杜鲁门	Capote, Truman
卡特，鲁宾·"飓风"	Carter, Rubin "Hurricane"
凯西，威廉	Casey, William
卡西迪，哈罗德	Cassidy, Harold
卡斯特利亚诺，保罗	Caste llano, Paul
《麦田里的守望者》	Catcher in the Rye
哥伦比亚广播公司	CBS Inc.
中央公园慢跑者案	Central Park Jogger Trial
钱伯斯，鲍勃	Chambers, Bob
钱伯斯，罗伯特	Chambers, Robert
查普曼，马克·大卫	Chapman, Mark David
切尔托夫，迈克尔	Chertoff, Michael
奇尔德斯，J. 吉尔摩	Childers, J. Gilmore
丘奇，玛里琳	Church, Marilyn
丘奇，诺里斯	Church, Norris
克拉克，朱迪斯	Clark, Judith
科伯恩，丹尼尔	Coburn, Daniel
科克伦，约翰尼	Cochran, Johnnie
科恩，本杰明	Cohen, Benjamin
科恩，罗伊	Cohn, Roy
哥伦比亚长老教会医学中心	Columbia Presbyterian Medical Center
库姆斯，肖恩·"吹牛老爹"	Combs, Sean "Puffy"
科珀，欧文·本	Cooper, Irving Ben
克拉洛，安东尼·"托尼鸭"	Corallo, Anthony "Tony Ducks"
法庭插画	courtroom illustrating
考维奥，迈尔克	Covio, Michael
克雷格，格雷戈里	Craig, Gregory
克兰，斯蒂文	Crane, Stephen
克里勒，乔治	Crile, George
克罗斯比，大卫	Crosby, David
坎宁安，大卫	Cunningham, David
科莫，马里奥	Cuomo, Mario

D

达登，克里斯托弗	Darden, Christopher
达辛，列夫	Dassin, Lev
迪安，约翰	Dean, John
德尔·蔡奥，多丽丝	Del Zio, Doris
德尔·蔡奥，约翰	Del Zio, John
丹伯，马克	Denbeaux, Mark
丹尼斯，迈克尔	Dennis, Michael
德肖维茨，艾伦	Dershowitz, Alan
多林格尔，迈克尔	Dollinger, Michael
道格拉斯，杰克	Douglas, Jack
达菲，凯文	Duffy, Kevin

E

爱德华兹，朱厄妮塔	Edwards, Juanita

F

费尔斯坦，琳达	Fairstein, Linda
范努，道格拉斯	Faneuil, Douglas
法罗，米亚	Farrow, Mia
芬德森，沃德尔	Fenderson, Wardel

弗格森，塞西尔	Ferguson, Cecil
费尔南德斯，康尼	Fernandez, Connie
费希尔，艾米	Fisher, Amy
费希尔，伊凡	Fisher, Ivan
菲茨杰拉德，丹尼尔	Fitzgerald, Daniel
菲茨杰拉德，帕特里克	Fitzgerald, Patrick
福格尔，詹姆斯	Fogel, James
福斯特，朱迪	Foster, Jodie
弗兰克尔，桑铎	Frankl, Sandor
富兰克林，欧文	Franklin, Irving
弗里德曼，斯坦利	Friedman, Stanley
富尔曼，马克	Fuhrman, Mark
富勒，文森特	Fuller, Vincent
富尔纳里，克里斯托弗	Furnari, Christopher

G

加夫尼，洛里	Gaffney, Lori
加莱拉，罗恩	Galella, Ron
加利根，托马斯	Galligan, Thomas
甘奇尔雅各布，菲利斯	Gangel-Jacob, Phyllis
加西亚，弗兰克	Garcia, Frank
吉尔博特，大卫	Gilbert, David
朱利亚尼，伦道夫	Giuliani, Rudolph
黑手党委员会审判	Mafia Commission Trial
纽约腐败案	New York City Corruption Trial
格拉瑟，I. 利奥	Glasser, I. Leo
格利森，约翰	Gleeson, John
格伦里奇橄榄球运动员	Glen Ridge football players
戈特尔，杰勒德	Goettel, Gerard
戈茨，伯恩哈德·雨果	Goetz, Bernhard Hugo
戈尔德，尤金	Gold, Eugene
戈尔德，朱利叶斯	Gold, Julius
戈尔德，斯图亚特	Gold, Stewart
戈德堡，阿琳	Goldberg, Arlene
戈德堡，格伦	Goldberg, Glenn
戈德堡，杰	Goldberg, Jay
戈德曼，罗纳德	Goldman, Ronald
戈德曼·锡达鲍姆，米里亚姆	Goldman Cedarbaum, Miriam
戈特斯曼，阿里	Gottesman, Ari
戈蒂，约翰	Gotti, John
古尔德，迪安	Gould, Dean
古尔德，米尔顿	Gould, Milton
格拉瓦诺，萨尔瓦托·"公牛萨米"	Gravano, Salvatore "Sammy the Bull"
戈林鲍姆，威廉	Greenbaum, William
格里贝茨，肯尼思	Gribetz, Kenneth
格里萨，托马斯	Griesa, Thomas
格罗比，布赖恩特	Grober, Bryant
格罗斯，加里	Gross, Garry

H

黑菲斯，弗雷德里克	Hafeitz, Frederick
海特，查尔斯	Haight, Charles
哈伯斯塔姆，桑德拉	Halberstam, Sandra
阿莱维，大卫	Halevy, David
汉森，马拉	Hansen, Marla
哈珀，康斯坦斯	Harper, Constance
哈里斯，琼	Harris, Jean
哈里斯，乔·安	Harris, JoAnn
哈里斯，斯坦利	Harris, Stanley
赫尔姆斯利，利昂娜	Helmsley, Leona
欣克利，乔安	Hinckley, Joann
欣克利，约翰	Hinckley, John
小欣克利，约翰	Hinckley, John, Sr.
欣克利，斯科特	Hinckley, Scott
希斯，阿尔杰	Hiss, Alger
霍夫曼，阿比	Hoffman, Abbie

霍姆斯，朱迪思	Holmes, Judith
霍华德海滩案	Howard Beach Trial
赫拉斯凯，威廉	Hrabsky, William
休斯，理查德	Hughes, Richard
汉弗莱，伯勒尔·艾夫斯	Humphreys, Burrell Ives

I

《野兽腹中》	In the Belly of the Beast
印第里凯托，安东尼	Indelicato, Anthony
伊藤，兰斯	Ito, Lance

J

雅各布森，霍华德·"巴迪"	Jacobson, Howard "Buddy"
贾格尔，米克	Jagger, Mick
约翰逊，芭芭拉	Johnson, Barbara
约翰逊，林登	Johnson, Lyndon
约翰逊，苏厄德	Johnson, Seward
约翰逊，威廉	Johnson, William
琼斯，查克	Jones, Chuck
乔丹，汉密尔顿	Jordan, Hamilton
约瑟夫，爱德华	Joseph, Edward

K

可汗，伊茨哈克	Kahan, Yitzhak
可汗调查委员会	Kahan Commission
卡哈尼，梅尔	Kahane, Meir
神山高石武	Kamiyama, Takeru
卡佩尔曼，威廉	Kapelman, William
卡普兰，马文	Kaplan, Marvin
基南，约翰·F.	Keenan, John F.
肯尼迪，卡洛琳	Kennedy, Caroline
卡秀吉，阿德南	Khashoggi, Adnan
凯姆斯，肯尼思	Kimes, Kenneth
凯姆斯，桑特	Kimes, Sante
金，唐	King, Don
金，凯文	King, Kevin
克莱因，多琳	Klein, Doreen
克莱因，弗雷德	Klein, Fred
纳普，惠特曼	Knapp, Whitman
克里格，艾伯特	Krieger, Albert
孔斯特勒，威廉	Kunstler, William

L

拉贝尔，查尔斯	LaBella, Charles
拉盖塔，亚历山德拉	LaGatta, Alexandria
地标建筑案	Landmarks Trial
兰，欧文	Lang, Irving
兰杰拉，格纳罗	Langella, Gennaro
兰福德，利昂	Langford, Leon
拉罗沙，詹姆斯	LaRossa, James
拉森，韦恩	Larson, Wayne
劳里亚，唐娜	Lauria, Donna
拉扎尔，麦克	Lazar, Michael
来福考特，杰拉德	Lefcourt, Gerald
莱格特，拉塞尔	Leggett, Russell
列侬，约翰	Lennon, John
莱奥皮齐，布鲁诺	Leopizzi, Bruno
莱文，皮埃尔	Leval, Pierre
利文撒尔，约翰	Leventhal, John
莱文，詹妮弗	Levin, Jennifer
莱文，史蒂文	Levin, Steven
林德瑙尔，杰弗里	Lindernauer, Geoffrey
利特曼，杰克	Litman, Jack
利特，罗伯特	Litt, Robert
卢卡西奥，弗兰克·"弗兰奇·洛克"	Locascio, Frank "Frankie Locks"
长岛洛丽塔	Long Island Lolita
洛佩兹，詹妮弗	Lopez, Jennifer

勒克，查尔斯	Luke, Charles	诺塞尔，埃尔·塞伊德	Nosair, El Sayyid

M

马多克斯，奥尔顿	Maddox, Alton		
黑手党委员会审判	Mafia Commission Trial		
梅勒，诺曼	Mailer, Norman		
马内斯，唐纳德	Manes, Donald		
曼，罗恩	Mann, Roanne		
梅普尔斯，玛拉	Maples, Marla		
马科斯，伊美黛	Marcons, Imelda		
马克斯，乔纳森	Marks, Jonathan		
马默，罗纳德	Marmo, Ronald		
马丁，约翰	Martin, John		
梅森，C. 弗农	Mason, C. Vernon		
五月花夫人	Mayflower Madam		
麦卡锡，安德鲁	McCarthy, Andrew		
麦克雷，安特罗	McCray, Antron		
麦克纳尔蒂，丹尼尔	McNulty, Daniel		
梅尔泽，安妮	Meltzer, Anne		
默罗拉，马里奥	Merola, Mario		
米切尔，约翰	Mitchell, John		
文鲜明	Moon, Sun Myung		
莫什，威利	Moosh, Willie		
莫文洛，罗伯特	Morvillo, Robert		
莫斯科维茨，奈伊萨	Moskowitz, Neysa		
莫斯科维茨，斯泰西	Moskowitz, Stacy		
缪尔，罗伯特	Muir, Robert		
木卡西，迈克尔	Mukasey, Michael		

O

奥丁加，塞孔 见伯恩斯，纳撒尼尔	Odinga, Sekou. See Burns, Nathaniel
奥格雷迪，爱德华	O'Grady, Edward
奥纳西斯，杰基	Onassis, Jackie
小野洋子	Ono, Yoko
欧文，理查德	Owen, Richard

P

佩奇，彼得	Paige, Peter
帕彻，L·彼得	Parcher, L. Peter
帕克，巴林顿	Parker, Barrington
帕斯特纳克，玛丽安娜	Pasternak, Mariana
佩弗，威廉	Peffer, William
珀西科，卡迈恩·"蛇"	Persico, Carmine "The Snake"
普兰托，萨尔瓦多	Prainito, Salvatore
普里希特，罗伯特	Precht, Robert
大学预科生谋杀案	Preppie Murder Trial
普列文，宋宜	Previn, Soon-Yi
普齐奥，托马斯	Puccio, Thomas

Q

昆兰，约瑟夫	Quinlan, Joseph
昆兰，茱莉亚	Quinlan, Julia
昆兰，卡伦·安	Quinlan, Karen Ann
奎恩，安东尼	Quinn, Anthony

N

纳伯格，埃里克	Naiburg, Eric
纽约腐败案	New York City Corruption Trial
纽曼，保罗	Newman, Paul
尼克松，理查德	Nixon, Richard
诺曼，达雷	Norman, Darren

R

拉比诺维茨，维克多	Rabinowitz, Victor
拉赫曼，奥马尔·阿卜杜勒	Raham, Omar Abdel
拉姆瑟，詹姆斯	Ramseur, James

雷西尔，詹姆斯	Rayhill, James
里根，罗纳德	Reagan, Ronald
雷廷杰，马丁	Rettinger, Martin
鲁本，纳塔妮亚	Reuben, Natania
雷耶斯，马蒂亚斯	Reyes, Matias
理查德森，凯文	Richardson, Kevin
理查德森，劳伦斯	Richardson, Laurence
赖利，爱德华	Riley, Edward
赖森，蒂龙	Rison, Tyrone
利特，大卫	Ritter, David
罗宾逊，伊利亚娜	Robinson, Iliana
罗斯托，沃尔特	Rostow, Walt
罗思，史蒂文	Roth, Steven
鲁贝尔，史蒂夫	Rubell, Steve

S

萨拉姆，尤塞夫	Salaam, Yusef
萨拉马，穆罕默德	Salameh, Mohammed
萨莱诺，安东尼·"胖托尼"	Salerno, Anthony "Fat Tony"
桑塔纳，雷蒙德	Santana, Raymond
桑托洛，萨尔瓦多	Santoro, Salvatore
沙罗坚，H. 李	Sarokin, H. Lee
萨瓦雷塞，约翰	Savarese, John
施莱辛格，阿尔文	Schlesinger, Alvin
斯科普，拉尔夫	Scopo, Ralph
西尔斯，哈里	Sears, Harry
西摩，卡伦	Seymour, Karen
沙夫龙，莱斯特	Shafran, Lester
沙库，图帕克	Shakur, Tupac
夏皮罗，罗伯特	Shapiro, Robert
沙龙，阿里埃勒	Sharon, Ariel
沙龙，莉莉	Sharon, Lili
夏普顿，阿尔	Sharpton, Al
谢特尔，兰德勒姆	Shettles, Landrum
希尔兹，布鲁克	Shields, Brooke
希尔兹，泰瑞	Shields, Teri
西格尔，乔尔	Siegel, Joel
西尔弗曼，艾琳	Silverman, Irene
辛普森，妮可·布朗	Simpson, Nicole Brown
辛普森，O. J.	Simpson, O. J.
斯科洛夫，加里	Skoloff, Gary
斯洛特尼克，巴里	Slotnick, Barry
史密斯，威廉	Smith, William
索非尔，亚伯拉罕	Sofaer, Abraham
索洛夫，布伦达	Soloff, Brenda
所罗门，查尔斯	Solomon, Charles
山姆之子，见伯科威茨，大卫	Son of Sam, See Berkowitz, David
索科，哈维	Sorkow, Harvey
斯普更，南希	Spungen, Nancy
斯坦斯，莫里斯	Stans, Maurice
斯特克，马丁	Stecher, Martin
斯蒂尔，刘易斯	Steel, Lewis
斯特恩，伊丽莎白	Stern, Elizabeth
斯特恩，梅利莎	Stern, Melissa
斯特恩，威廉	Stern, William
斯图尔特，查尔斯	Stewart, Charles
斯特尔特，林恩	Stewart, Lynne
斯图尔特，马莎	Stewart, Martha
斯蒂尔曼，查尔斯	Stillman, Charles
地铁治安员	Subway Vigilante
阿伦，沙利文	Sullivan, Allen
桑尼-阿里，巴拉，见约翰逊，威廉	Sunni-Ali, Bilal, See Johnson, William
桑尼-阿里，弗拉尼，见波士顿，辛西娅	Sunni-Ali, Fulani, See Boston, Cynthia

斯温，伯奇尔	Sween, Birger

T
塔尔欧那，赫尔曼	Tarnower, Herman
试管婴儿案	Test Tube Baby Trial
时代公司	Time Inc.,
狄坡格拉芙，苏珊	Tipograph, Susan
特朗普，唐纳德	Trump, Donald
特朗普，伊凡娜	Trump, Ivana
塔珀，杰克	Tupper, Jack
泰勒，哈罗德	Tyler, Harold

U
未计数的敌人	Uncounted Enemy
统一教	Unification Church
尤维列，里纳	Uviller, Rena

V
瓦伦蒂，乔迪	Valenti, Jody
范德·威勒，雷蒙德	Vande Wiele, Raymond
韦斯科，罗伯特	Vesco, Robert
威瑟斯，锡德	Vicious, Sid
维奥拉特，罗伯特	Violante, Robert
沃克斯里奇耶，弗吉尼亚	Voskerichian, Virginia

W
韦德，丹尼斯	Wade, Dennis
威克萨尔，山姆	Waksal, Sam
沃克，约翰	Walker, John
华莱士，麦克	Wallace, Mike
沃平，杰拉德	Walpin, Gerald
韦普尔斯，格雷戈里	Waples, Gregory
沃伦，迈克尔	Warren, Michael
威姆斯，唐纳德	Weems, Donald
瓦因格拉丝，伦纳德	Weinglass, Leonard
威斯特摩兰，威廉	Westmoreland, William
怀特黑德，玛丽·贝思	Whitehead, Mary Beth
怀特黑德，理查德	Whitehead, Richard
威伦茨，罗伯特	Wilentz, Robert
威尔克，埃利奥特	Wilk, Elliott
威廉姆斯，米尔顿	Williams, Milton
温，约翰·R.	Wing, John R.
怀斯，卡伊	Wise, Kharey
沃尔夫，伦道夫	Wolf, Randolph
伍德，凯文	Woods, Kevin
伍德沃德，乔安娜	Woodward, Joanne
世贸大厦案	World Trade Center Trial

Y
尤塞夫，拉姆齐	Yousef, Ramzi

Z
查格，尼娜	Zagate, Nina
佐罗斯基，霍华德	Zoarski, Howard

图书在版编目（CIP）数据

速写美国名案：30场大审判 /（美）玛里琳·丘奇绘；（美）卢·扬著；杨安舒译 . — 上海：上海社会科学院出版社，2020

书名原文：The Art of Justice ： An Eyewitness View of Thirty Infamous Trials

ISBN 978-7-5520-3126-3

Ⅰ. ①速… Ⅱ. ①玛… ②卢… ③杨… Ⅲ. ①审判—案例—美国 Ⅳ. ① D971.2

中国版本图书馆 CIP 数据核字 (2020) 第 044537 号

The Art of Justice: An Eyewitness View of Thirty Infamous Trials first published in English by Quirk Books, Philadelphia, Pennsylvania.
Copyright © 2006 by Marilyn Church and Lou Young.
This edition arranged with QUIRK BOOKS,through Big Apple Agency,Inc.,Labuan,Malaysia.
Simplified Chinese edition copyright © 2020 by Shanghai Academy of Social Sciences Press.
ALL RIGHTS RESRVED.

著作权合同登记号：09-2017-126

速写美国名案：30场大审判

绘　者：	[美]玛里琳·丘奇
著　者：	[美]卢·扬
译　者：	杨安舒
责任编辑：	袁钰超
书籍设计：	黄婧昉
出版发行：	上海社会科学院出版社
地　　址：	上海顺昌路 622 号　　邮　编：200025
电话总机：	021-63315947　　销售热线：021-53063735
http:	//www.sassp.cn　　E-mail：sassp@sassp.cn
印　刷：	上海雅昌艺术印刷有限公司
开　本：	787 毫米 × 1092 毫米　1/16
印　张：	13.5
插　页：	4
字　数：	232 千字
版　次：	2020 年 10 月第 1 版　　2020 年 10 月第 1 次印刷

ISBN 978-7-5520-3126-3/D·574　　　定　价：128.00 元